鲍乐东 许钊海 / 著

信托一本通

财富传承的
模式、案例与实务

TRUST

ZHEJIANG UNIVERSITY PRESS
浙江大学出版社
· 杭州 ·

图书在版编目（CIP）数据

信托一本通：财富传承的模式、案例与实务 / 鲍乐东，许钊海著. -- 杭州：浙江大学出版社，2025. 1.（2025.7重印）

ISBN 978-7-308-25518-9

Ⅰ. F830.8

中国国家版本馆CIP数据核字第2024K77F39号

信托一本通：财富传承的模式、案例与实务

XINTUO YIBEN TONG：CAIFU CHUANCHENG DE MOSHI、ANLI YU SHIWU

鲍乐东　许钊海　著

策　　划	杭州蓝狮子文化创意股份有限公司
责任编辑	黄兆宁
责任校对	朱卓娜
封面设计	袁　园
出版发行	浙江大学出版社
	（杭州市天目山路148号　邮政编码310007）
	（网址：http://www.zjupress.com）
排　　版	杭州林智广告有限公司
印　　刷	杭州钱江彩色印务有限公司
开　　本	710mm×1000mm　1/16
印　　张	18.5
字　　数	240千
版 印 次	2025年1月第1版　2025年7月第2次印刷
书　　号	ISBN 978-7-308-25518-9
定　　价	98.00元

浙商研究院　浙商传承研究丛书编委会

主　任

陈寿灿

成　员

鲍乐东

舒瑶芝

王敏超

何晓威

章安邦

陈寿灿　浙商传承研究中心主任

毕业于北京大学哲学系、武汉大学法学院，博士。浙商研究院院长，曾任浙江工商大学校长，现为浙江工商大学法学院教授（二级）、博士生导师，浙江省重点创新团队（文化创新类）"道德建设与价值培育"学术带头人，浙江省"五个一批"人才，浙江省政府咨询委员。

鲍乐东　浙商传承研究中心副主任

毕业于中国政法大学，经济法硕士。上海澜亭（杭州）律师事务所主任，浙江省法学会诉讼法学研究会理事，浙江省法学会浙籍法学研究会理事。浙商侨商企业创新与高质量发展研究团队研究员，马来西亚中国法律联合会成员，中国政法大学商学院MBA校友实践导师，浙江工商大学法学院、管理学院实务导师，浙江工业大学管理学院实务导师，上海交通大学、浙江大学等多个院校的特聘讲师。

舒瑶芝　浙商传承研究中心副主任

浙江工商大学法学院教授。兼任中国民事诉讼法学研究会理事，浙江省法学会首席法律咨询专家，浙江省法学会诉讼法学研究会副会长，杭州仲裁委员会仲裁员等职。

王敏超　浙商传承研究中心副主任

毕业于华东政法大学、浙江大学，法律硕士。浙江省杭州市东方公证处主任。

何晓威　浙商研究院研究员

浙商研究院（浙商博物馆）党支部副书记，浙商博物馆副馆长，浙江省侨界智库联盟专家等。

章安邦

浙江工商大学法学院副教授，硕士生导师，法学博士，法律硕士教育中心办公室主任。

推荐序

 浙商，这一中国著名的商业群体，其传承不仅有"子承父业"的向度，同时也有职业经理人的企业现代化向度，以及创二代的创业向度。浙商传承以家族文化之连续、价值观念之兼蓄、守正创新之禀性为鲜明特点，而其中蕴含的奋斗、开放、求实、创新等精神特质构成其文化传承的核心要义。面对浙商的代际传承，浙商二代更应秉持与时俱进的创新精神、博采众长的学习精神、任时敏行的变通精神、以人为本的仁爱精神，在世界的变与不变中，树立正确的价值观、财富观，传播浙商文化，赓续、弘扬新时代浙商精神。这是浙商传承回应时代之问的应有之义。

 家族企业的传承，不单是财富的继承流转，更是家族精神和企业文化的一脉相承。研究家族企业的传承与发展这一世界性的管理命题，具有特殊的理论与实践意义。"家族"与"企业"的结合赋予了中国家族企业在经营、管理等方面的文化本性，而长期存在的家族价值共识对家族企业的发展影响深远。面对中国式现代化背景下的市场化改革的时代要求，中国式家族企业更应当科学认知家族与社会、文化、经济三者之间的关系，妥善处理家族传承过程中的管理权交接、企业文化营造与社会责任承担等问题。为此，我向所有关心、支持家族企业传承与

1

发展的读者们推荐本书，希望此书能为新时代民营企业的转型和新时代企业家精神的弘扬提供全新的研究视角。

作者鲍乐东、许钊海长期从事律师、金融等实务工作，有着丰富的专业实操经验，积累了深厚的理论素养。他们合著的这本书，不仅全面介绍了家族财富传承的理论与实践，还深入探讨了信托在其中的关键作用。书内涵盖家族信托、保险金信托、股权/股票家族信托、慈善信托等常见信托类型，为家族企业提供了财富管理和传承的策略。此外，本书还介绍了特殊关爱信托、体重管理型家族信托和养老信托等特殊信托类型。这不仅为特殊群体提供了切实可行的财富管理方案，也为整个社会的和谐发展贡献了力量。鲍乐东、许钊海二君对社会问题的深刻洞察，以及书中所蕴含的人文关怀精神对我也颇有启发。

因此，这是一本具有实用价值的图书，以其权威性、实用性、前瞻性和文化性为高净值人群提供了财富传承的策略，同时也为金融从业者和研究者提供了丰富的参考资料。无论是希望了解家族信托知识的人士，还是财富管理领域的资深人士，均能从中受益。

我希望，通过阅读这本书，广大读者都将获得关于家族财富传承的深刻洞见和宝贵的实践智慧，共同为推动家族企业的持续繁荣与信托文化的发展贡献力量，为中国式现代化添砖加瓦。若如此，幸甚至哉！

是为序。

浙商研究院院长 陈寿灿

自　序

在这个充满挑战与机遇的时代，家族财富的传承与管理已成为一个全球性的话题。随着经济的快速发展和个人财富的积累，越来越多的家族开始思考如何有效地将财富传承给下一代，确保家族的持续繁荣和财富的保值增值。本书正是在这样的背景下创作的。

在为企业提供股权全生命周期的服务过程中，我发现现有法律体系中的股权继承规则并不完善，这在一定程度上给股权传承的设计工作造成了不便。于是我将目光投向信托工具，研究信托在家庭财富传承、风险隔离、公司治理等方面的作用。

在这一过程中，我与拥有丰富信托落地经验的许钊海老师一拍即合——许钊海老师亦在思考，在家族财富传承视角下，信托业务如何才能与公司股权继承实现更好的结合。

在多年合作交流的过程中，我们萌生了一个想法，就是将我们多年的研究成果和实践经验通过书本这种形式分享给广大读者。

本书由我和许钊海老师合著，我们不仅探讨了家族财富传承的基本概念和重要性，还结合丰富的案例详细介绍了各种传承工具，如家族信托、保险金信托、股权家族信托等，以期为读者提供实际的指导和启发。

在撰写本书的过程中，我们深感家族财富传承的复杂性和专业性。它不仅涉及法律、税务、金融等多个领域的知识，还需要对家族治理、文化传承等有深刻的理解。因此，本书在内容上力求全面，既包括了理论知识的讲解，也涵盖了实际操作的步骤和技巧。

此外，本书还特别关注了境内外家族信托的发展现状和政策走向，以及不同国家和地区在家族财富传承方面的经验和做法。我们相信，这些比较和借鉴，可以为中国家族财富的传承提供更多的思路和选择。

最后，我们要感谢所有支持和参与本书编写的同仁们。没有他们的努力和贡献，这本书不可能顺利完成。同时，我们也希望本书能够成为家族财富传承领域的一本有价值的参考书，为广大家族企业和高净值人群提供帮助。

欢迎各位读者在阅读本书的过程中提出宝贵的意见和建议，让我们一起探讨和进步。

鲍乐东于杭州

2024 年春

目 录

 序 章

01 家族财富传承

02 家族财富传承的守护者 ——家族信托

03 家族财富传承的压舱石 ——保险金信托

04

家族荣誉墙上的圣杯
——股权 / 股票家族信托

05

家族财富与社会公益的桥梁
——慈善信托

06 家族财富传承的保障
——遗嘱信托

07 家族财富传承的资产锚点
——不动产信托

08 家族财富传承的融通——债权
家族信托

00 序 章

"

如果说创造财富是一种天赋的恩赐，那么传承财富则是一种谋略的抉择。

财富的生命在于保值与增值，家族财富生命的摇篮就是财富传承。

春去秋来，人财两旺，天道常也。

对于全球富豪们来说，过去的 2023 年充满挑战。利率骤增、股价承压、独角兽公司估值受挫，无一不对全球企业经营造成巨大影响。

2023 年福布斯全球亿万富豪榜的上榜人数较去年下降 28 位，总人数仅 2640 位。中国上榜富豪数量为 614 位。中国内地富豪的表现略有退步。在福布斯第 37 次年度全球亿万富豪的榜单中，中国内地富豪数量连续第二年出现下跌。在上榜者中，中国内地富豪数量为 495 位，较 2022 年的 539 位以及 2021 年创纪录的 626 位有所下降。①

尽管如此，本次上榜的中国内地亿万富豪的人数仍然处于全球第二位置，仅次于美国。由于股市疲软，本次中国内地富豪的财富总额为 1.67 万亿美元，较 2022 年的 1.96 万亿美元和 2021 年的 2.5 万亿美元有所下跌。与 2022 年的榜单相比，本次有 76 人落榜，另有 16 人首次上榜，14 人重回榜单。

前十位中国内地富豪的财富总额达到 3110 亿美元，低于 2022 年的 3220 亿美元以及 2021 年的 4470 亿美元。截至 2023 年 4 月，中国内地亿万富豪的财富

---

① 福布斯中国.福布斯发布 2023 全球亿万富豪榜[EB/OL].(2023-04-04)[2024-08-15]. https://baijiahao.baidu.com/s?id=1762245604839654085&wfr=spider&for=pc.

总额占全球亿万富豪财富总额的 13.6%。本次上榜的全球亿万富豪共计 2640 人，总财富为 12.2 万亿美元。

中国首富宝座仍由农夫山泉董事长钟睒睒蝉联，这已经是他第三年成为中国首富。钟睒睒的财富约为 680 亿美元，较 2022 年的 657 亿美元依然实现增长。他在本次全球亿万富豪榜上排名第 15 位。[①]

2022 年，中国的高净值人群人数达 316 万，与 2020 年相比增加了约 54 万人，年均复合增速由 2018—2020 年的 15% 降至 2020—2022 年的 10%。[②]相应地，与高净值人群的财富传承相关的事件也越来越多地成为新闻热点。在这些新闻热点中，不乏财富传承安排失灵导致的争产风波，近期的代表性例子就是杉杉股份的郑永刚逝世后的争产争权风波。

案例【杉杉股份：郑永刚意外身故引发控制权之争】

杉杉股份的创始人、实控人郑永刚作为中国服装企业的领军人才，不幸于 2023 年 2 月 10 日去世。郑永刚先生去世后，遗产如何分配成为遗留的重要问题。

首先，在遗产继承过程中，首先要看被继承人生前是否做过财产规划，有没有对继承做过相应的安排。因郑永刚先生生前没有设立遗嘱以及进行生前财产规划，那么作为被继承人的配偶、子女、父母均为第一顺序继承人，对遗产享有同等的继承权利。

郑永刚与前妻周继青育有两名子女（包括郑驹），郑永刚与遗孀周婷育有三名未成年子女。根据家族图谱（见图 0-1）来看，郑永刚先生遗产涉及

① 福布斯.福布斯发布 2023 全球亿万富豪榜[EB/OL].（2023-04-07）[2024-05-15].https://roll.sohu.com/a/662917744_100246910.

② 招商银行.2023 中国私人财富报告[R/OL].（2023-09-01）[2024-01-20].https://s3gw.cmbimg.com/lb50.01-cmbweb-prd/cmbcms/20240105/fef7f4f3-e01a-4553-b28b-43332963cd0a.pdf.

的人员有郑斌、郑驹（与前妻周继青所生之子），现任配偶周婷，以及现任配偶所生的3个未成年子女。根据《中华人民共和国民法典》（以下简称《民法典》）第一千一百二十七条，配偶、子女均是第一顺序继承人，享有继承权；另据《民法典》第一千一百三十条，同一顺序继承人继承遗产的份额，一般应当均等。

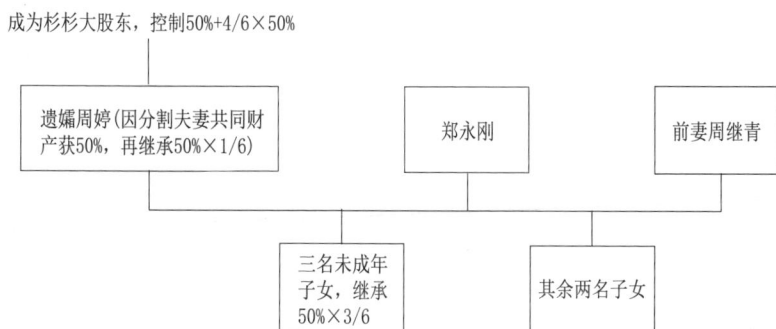

成为杉杉大股东，控制50%+4/6×50%

遗孀周婷(因分割夫妻共同财产获50%，再继承50%×1/6)　　郑永刚　　前妻周继青

三名未成年子女，继承50%×3/6　　其余两名子女

图 0-1　郑永刚家族图谱

因此，在没有遗嘱的前提下，从目前的公开信息涉及的第一顺序继承人来看，郑永刚的第一顺序法定继承人有6人：5名子女+现配偶（遗孀）周婷。其中3名未成年子女是由周婷抚养的，所以周婷可以控制的股份为（50%+50%×4/6），则为可继承股权的5/6。但是，杉杉股份2023年第一次临时股东大会审议通过了《关于选举郑驹先生为公司第十届董事会董事长的议案》。①而周婷在郑永刚先生去世后宣称自己为杉杉股份的实际控制人。在不考虑其他因素的情况下，周婷和三个孩子将成为杉杉股份的大股东。

① 杉杉股份.宁波杉杉股份有限公司关于选举公司第十届董事会董事长的公告 [EB/OL]. (2023-03-23) [2024-03-27].http://www.ssgf.net/uploads/20230324/69beb07f53875016e835821b974175e2.pdf.

遗产争夺一度导致继母和继子剑拔弩张。不过，幸运的是，2023 年 5 月 10 日，杉杉股份董事会换届，郑永刚的现任妻子周婷与前妻所生之子郑驹，双双进入董事会，周婷也支持郑驹当选为新一任董事长。出现这种局面应该不会是郑永刚先生生前的意愿，好在遗产之争就此平息。如果这次遗产之争未能解决，那么会不利于企业的长久经营和未来的发展。

伴随着我国高净值人群的不断增多，信托被越来越多的高净值客户选择作为其财富传承的工具。

中国第一家信托机构自 1979 年设立，至今已近 45 年.中国信托行业作为和银行、证券、保险并称的四大金融支柱之一，其机构数量、资产规模与业务模式都在曲折中不断探索前行。

截至 2022 年第四季度末，我国信托资产规模已经达到了 21.14 万亿元[①]，规模庞大。

目前从顶层视角来看，我国信托业的监管导向为：回归本源，去通道、禁止非标资金池，压降融资类信托。

在这一宏观背景下，银保监会于 2023 年 3 月 20 日正式公开发布了《中国银保监会关于规范信托公司信托业务分类的通知》（以下简称《信托三分类新规》），明确自 2023 年 6 月 1 日起正式实施信托业务分类改革。《信托三分类新规》是继《关于规范金融机构资产管理业务的指导意见》（银发〔2018〕106 号，以下简称《指导意见》）后，监管部门对于信托业务正式出台的首个重磅文件。该文件的出台有效改善了我国自 2001 年 4 月 28 日起发布《中华人民共和国信托法》（以下简称《信托法》）后长期存在的信托业务边界和服务内涵不清等问题，也体现了金融业在国家强监管的要求下逐渐落实"回归本源、规范发展、切实防范风险"

---

① 数据来源：根据中国信托业协会公开数据整理。

这一议题的魄力与决心。

这是自《中国人民银行 中国银行保险监督管理委员会 中国证券监督管理委员会 国家外汇管理局关于规范金融机构资产管理业务的指导意见》（即《资管新规》）发布后，监管部门对于信托业务正式出台的首个重磅文件。该文件将信托业务分为资产服务信托、资产管理信托、公益慈善信托三大类 25 个业务品种（见表 0-1）。

表 0-1　信托公司信托业务新分类简表

业务品种	是否募集资金	受益类型	主要信托业务品种	
资产服务信托业务	不涉及	自益或他益	财富管理服务信托	家族信托
				家庭服务信托
				保险金信托
				特殊需要信托
				遗嘱信托
				其他个人财富管理信托
				法人及非法人组织财富管理信托
			行政管理服务信托	预付类资金服务信托
				资管产品服务信托
				担保品服务信托
				企业/职业年金服务信托
				其他行政管理服务信托
			资产证券化服务信托	信贷资产证券化服务信托
				企业资产证券化服务信托
				非金融企业资产支持票据服务信托
				其他资产证券化服务信托
			风险处置服务信托	企业市场化重组服务信托
				企业破产服务信托
			新型资产服务信托	

续表

业务品种	是否募集资金	受益类型	主要信托业务品种	
资产管理信托业务	私募	自益	集合资金信托计划	固定收益类信托计划
				权益类信托计划
				商品及金融衍生品类信托计划
				混合类信托计划
公益慈善信托业务	可能涉及募集	公益	公益慈善信托	慈善信托
				其他公益信托

相较于 2022 年底的征求意见版本，正式版本的变化之一是将资产服务信托置于资产管理信托之前。有分析人士认为，该调整透露出监管鼓励做大服务信托的本意。

01 | 家族财富传承

高净值群体规模的逐年扩大使得财富传承这一话题逐渐走进大众视野。而在亘古以来的"父财子继"的社会语境下，到底什么是财富传承？为何还要进一步设计财富传承的人生安排？从法律视角来看，这是一个值得深究的领域。

财富传承 ≠ 财富继承

　　财富传承实践中有一个误区，就是将财富传承与财富继承两者等同。实际上二者是完全不同的概念。"继承"是一个法律名词。《民法典》中关于"继承"有明确的法律规定，即指将死者生前的财产和其他合法权益转归有权取得该项财产的人所有的法律制度。常见的继承方式有：法定继承、遗嘱继承。财富传承是指这一辈的企业家或者资产持有者通过一定的方式，将财富传给下一代或者后几代。或以客户意志为中心，通过预先的、持续的、系统化的设计规划，综合运用各种金融工具及法律手段，以实现客户家族财富的风险隔离与代际继承。其实，财富传承是一种提前的规划与安排，前文所述的遗嘱继承也可以视为一种提前的财富筹划。

案例【李嘉诚：继承和传承双轨并行扩大财富版图】

　　李嘉诚家族的传承策略作为一个典范，为我们展示了家族财富传承的艺术与智慧，即财富继承与财富传承双管齐下，以此扩大李嘉诚家族的财富版图。

如图 1-1 所示，李嘉诚、庄月明夫妇生育了两个儿子——李泽钜和李泽楷，这两个儿子分别组成了各自的大家庭。并且，李嘉诚对两个儿子因材施教，将自己的事业按照两个儿子的特点和成长轨迹进行了安排。首先，李嘉诚将商业帝国按业务性质分割，让长子李泽钜管理地产和基建业务，次子李泽楷则负责投资和科技创新。通过不同的分工，李嘉诚将财产的一部分继承给两个儿子，完成了财富在两代人之间的传递，为家族企业的长期繁荣奠定了基础。

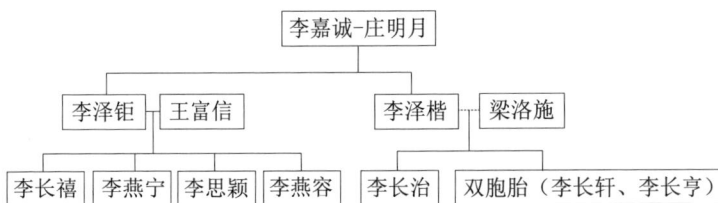

图 1-1　李嘉诚家族成员结构

其次，李嘉诚成立了"李嘉诚基金会"。根据 2023 年 5 月 19 日港交所权益披露数据，李嘉诚旗下的私人公司 Silvery Ring Limited 在 5 月 16 日将持有的邮储银行逾 1.96 亿股 H 股转让出售，该股份占已发行股本的约 0.98%。这一转让涉及超过 10 亿港元的市值。据报道，这次转让是基于李嘉诚家族的财富规划安排，是内部重组的一部分。李嘉诚通过将财产放入信托基金，实现财富传承、管理和隔离，避免后代内讧和财富损失。李嘉诚对财富的安排，既让两个儿子获得了财产，同时打破"富不过三代"的魔咒，确保财富代代相传。通过信托基金的安排，将争产、婚变、挥霍等风险与企业隔离开，财富传承就可以更加平稳安全。

从李嘉诚家族传承的案例来看，李嘉诚在安排资产时，将长子李泽钜作为长江实业的指定继承人，给予长子股权，由长子完成继承。而从家族传承的角度来讲，李嘉诚成立了"李嘉诚基金会"。2016年，在长和系完成重组约一个月后，主席李嘉诚便开始逐步将私人财产转移至李嘉诚家族信托基金，以家族信托作为家族财富传承的屏障。从"李嘉诚基金会"的家族信托体系中可以发现，李嘉诚设立了多个信托基金，分别持有旗下公司的股份，并对每个信托基金指定了受益人。

财富传承从来都是一件非常具有挑战性的事情。古往今来，"富不过三代"的魔咒，似乎是大多数财富家族难以逃避的"归宿"。而在中国，最常见的家族兴旺衰落过程是：第一代白手起家，艰苦创业；第二代辛苦守业，艰难维持；第三代坐吃山空，家道中落。陶华碧创立的"老干妈"是家喻户晓的品牌，但近年来"老干妈"自二代接手后经营上出现严重失误，多年积攒的好口碑差点毁于一旦。

案例【陶华碧家族传承："老干妈"差点毁于一旦】

"老干妈"创始人陶华碧女士在3年内即以90亿元的身家成功跻身新财富富人名单。2014年，67岁的陶华碧选择退休，此前她陆续将公司股权及管理大权全部交给了她的两个儿子——李贵山和李妙行。大儿子李贵山负责销售，二儿子李妙行负责生产。然而就是这个决定，让"老干妈"开始走上了风雨飘摇之路。"老干妈"成立至今一直有条铁律：不贷款、不融资、不上市。而大儿子李贵山是个"投资积极分子"。他一心想要扩张公司的业务领域，在地产、酒店、医药等领域频频出手投资，先后参股的企业多达14家，投出去了超2亿元。然而随着时间的推移，这些投资项目并没有为公司带来丰厚的回报，反而还产生了巨大的亏损。连李贵山自己都被法院下达了19次限制消费的通知书。小儿子李妙行也未能延续"老干妈"脚踏实地的一贯作风，将老干妈风味豆豉辣酱用的贵州遵义的辣椒换成低成本的河南辣椒，导致"老干妈"产品的口感大打折扣，口碑差点毁于一旦。

后续陶华碧虽然重新选用贵州辣椒、恢复原来的配方，但错过了线上红利期。"老干妈"消失的几年，正好是短视频、直播、预制菜快速兴起的几年。而"老干妈"在线上的起步则远远落后于一众来势汹汹的网红品牌。

这一案例凸显了一个事实：在企业传承方面，单纯依靠家族内部传承，而没有进行更为系统和专业的规划与准备，可能会给企业的未来带来难以预料的风险。对"老干妈"而言，它差点因为缺乏深思熟虑的家族传承机制而面临灾难。

解码财富传承

什么是财富传承

改革开放 40 多年以来，在市场经济开放的大潮下，第一代高净值人群已经完成了初步的财富积累。在私有财产的合法性越来越得到法制体系的确认后，这些群体发现，私有财产在传承这个节点上并不能宣告永久存续，即使避免了外在的分离和侵蚀。对于私有财产来说，如果国家政策、社会分配、财富的经营是一种外在的不安，那么财富的传承及其所包含的分配，对应的就是一种内在的惶恐。因为私有财产的最终落脚点在于管理与保值，特别是当这些群体经历了人生的后半段或家庭的重组后，不得不面临的问题就是财富如何在本家族中管理、分配与保值。

下面这则案例，正好说明如果一个高净值的家族没有做好财富传承这件事情，很可能会出现财富代际传承的断裂，那么所谓的财富荣光也只是昙花一现。

案例【海鑫钢铁：少主临危受命导致企业资金链断裂】

2003年1月22日，海鑫钢铁集团董事长、全国工商联副主席李海仓，被人用枪射杀于其办公室内。其子李兆会因此变故不得不中断留学。李海仓生前并未对儿子李兆会进行接班人的培养等规划，他突然身故使其年仅22岁的儿子仓促接手公司。

李兆会对钢铁行业并不感兴趣。因此，在接手集团经营后，他将经营侧重点由实体产业转向资本市场，甚至对海鑫钢铁不闻不问。在斥资6亿元入股银行获取丰厚利润后，他便再无心经营传统实体行业。此后，海鑫集团内部管理陷入混乱，最终导致企业资金链断裂。

李海仓创建的钢铁帝国如此迅速落幕，不免让人惋惜。关于传承，许多企业家有个误区，认为传承交接是在一个时点发生的事件，不需要提前进行。上述案例正是因为李海仓未能提前做好培养继承人的规划以及缺乏家族财富传承意识，偌大的钢铁产业就此落幕。反观茅氏家族，为了家族企业的基业长青，创一代及早启动传承规划，事实证明其意义重大。家族传承不是一朝一夕能够完成的，越早开始进行传承规划，家族企业的交接班越容易顺利进行。

案例【茅理翔财富传承：方太集团三三制永流传】

宁波方太集团由茅理翔与其儿子创立于1996年。在父子共同努力下，公司产品从低端向高端转型，并专注于高端厨房电器的研发和制造。在茅理翔父子两代人的努力下，方太集团顺利交接传承，已发展为国内首家销售收入破百亿元的专业厨电企业。

关于企业传承，茅理翔老先生的观点是：如果要交班，那就要大胆交、坚决交、彻底交。根据这个观点，茅理翔老先生分享了自己的交班方法，总结为"三三制"，具体就是带三年、帮三年、看三年。即前三年交出产品研发权，再三年交出营销权，最后彻底交出管理权，完成企业的交接和传承。"三三制"本质上是茅理翔为培养自己儿子成为优秀企业接班人所创造的交接策略。在他看来，企业接班人应具备六大能力：领导能力、市场判断力、应变能力、学习能力、创新能力和社交能力。但这些能力并非只靠天赋，而是可以通过实践来逐步培养和积累。管理能力的提升并非一朝一夕就能全然实现，突击交接班往往对企业是一种伤害。其子茅忠群也表示，当父亲真正退出管理层的时候，他的压力非常大，如履薄冰。

大部分家族企业交接班的过程可能需要 8 到 10 年。拔苗助长往往会让接班人面对很大的压力，而企业也会面临业绩表现下降的风险。美的家族的传承则在规避了家族化企业对组织发展变革的掣肘的同时，也规避了培养接班人耗时久、接班人意向低等风险。

案例【美的集团财富传承的"何氏逻辑"】①

美的集团由何享健创立。截至 2022 年，美的集团总市值已超 5000 亿元。在 2020 年福布斯全球亿万富豪榜中，78 岁的何享健和他的家族以 216 亿美元排名中国内地第四。这还不算何氏家族在其他领域投资的产业收入。

何氏家族的另一个"战场"——盈峰集团，一家由何氏家族二代掌控的、专注于投资行业的家族控股公司——也已步入多元化投资发展的快车道，形成了金融、零售、制造三大主业。一边是职业经理人打理的千亿级家族企业，另一边是家族二代主导开创的、生机勃勃的家族财富管理公司。何氏家族演

---

① 程良越.控制美的集团的"何氏逻辑"[EB/OL].（2022-04-18）[2024-02-15].https://baijiahao.baidu.com/s?id=1730410858804700699&wfr=spider&for=pc.

绎了中国家族企业传承管理的"何氏逻辑"。

如图 1-2 所示，何氏家族传承的逻辑核心是继承人担任企业董事会成员，通过在家族办公室（盈峰控股）中历练，逐步成长为美的集团的企业接班人。在何享健眼中，"传承"的意涵远远大于简单的"继承"。

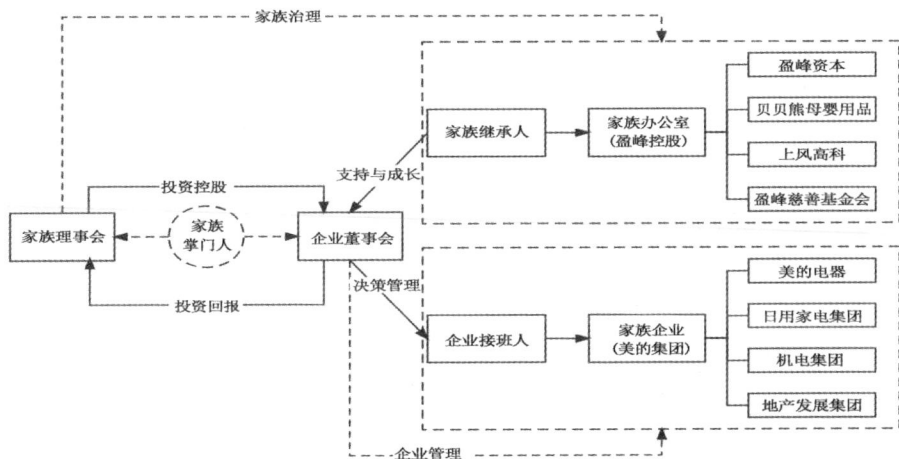

图 1-2　何氏家族治理结构

关于中国高净值群体的财富现状，我们来看一组数据。

根据贝恩公司发布的《2023 中国私人财富报告》，截至 2022 年，中国个人可投资资产超过 1000 万元的高净值人士约 315 万人，个人持有的可投资产总规模达到 278 万亿元，此数字预计将在 2024 年底突破 327 万亿元。① 《中国私人银行 2019》显示，中国高净值群体可投资规模总额预计在 2024 年达到 127 万亿元，

---

① 招商银行.2023 中国私人财富报告 [R/OL].（2023-09-01）[2024-01-20].https://s3gw.cmbimg.com/lb50.01-cmbweb-prd/cmbcms/20240105/fef7f4f3-e01a-4553-b28b-43332963cd0a.pdf.

此增速和规模可预见中国将成为世界第三大财富管理市场。中国高净值人士的财富尚缺乏专业管理，这意味着市场化机构拥有广阔发展前景。

对于中国高净值群体来说，创富中的资产结构是复杂的，股权、债券、现金、保险金等不同的资产急需一种个性化的传承方案。然而他们并没有传承财富的经验，也不熟悉财富传承的法律手段。但是他们都有一个共同的目标：不分家产，保持家族核心竞争力，保存家业。这一目标的核心就是家族财富传承。

正如前文所言，财富传承讨论的就是在私有财产完成基本积累后如何管理与保值的问题。财富传承与纯粹的财富管理的区别就在于财富传承的时间点一定是在私有财产的现有人死亡或者家族分离（诸如离婚）时，紧随其后的则是如何做到在继承过程中或继承结束后仍然让财产保值——这个财产保值包括避免财产分离、财产流失，诸如离婚分家产、继承人挥霍浪费财产、家族企业因继承开始受到震荡而导致财产流失等。以下案例很清楚地说明了家族财富在死亡或者离婚这两个时间点特别容易发生极大的震荡。

案例【亚马逊公司：贝索斯与麦肯齐的天价离婚案】

亚马逊创始人杰夫·贝索斯鼎盛时期曾蝉联 4 年全球首富。2019 年 7 月 5 日，贝索斯与妻子麦肯齐被曝离婚，麦肯齐拿到了 383 亿美元的分手费。麦肯齐持有的亚马逊股份如今价值 500 多亿美元，但是她把股份的投票权还给了贝索斯，因此贝索斯才能牢牢控制亚马逊。

根据两人居住的华盛顿州的法律，两人在婚姻期间创造的所有财富都要平分。贝索斯虽牢牢掌握住控制权，但是天价的分手费使得贝索斯的财富大大缩水，已不再是全球首富。

在贝索斯与麦肯齐离婚之前，贝索斯并没有将财产进行任何的诸如信托、婚前协议等法律处置，这样，贝索斯将面临的是与麦肯齐平分包括亚马逊股份在内的全部资产。如果这种分割构成现实，其结果必然是贝索斯个人资产的极大缩水。

因为贝索斯并未将财产隔离，离婚时所有的财产都将被视为夫妻共同财产来分割。而同样是离婚，默多克因提前进行了规划，就未让家族财富严重受损，同时保住了公司的控制权。

案例【默多克家族信托：未雨绸缪避免内讧】

1999 年，在第二段婚姻刚结束后的第 17 天，68 岁的默多克迎娶了第三任妻子——当时 31 岁、具有华人血统的邓文迪。这段婚姻维系了 14 年，2013 年 11 月，默多克与邓文迪在纽约达成了"友好"的离婚协议。由于默多克和邓文迪此前签署了婚前协议，规定默多克去世后，邓文迪不能享受遗产继承权，这使得邓文迪与默多克离婚时无法分走默多克的财产，更未获得默多克新闻集团的股份。

默多克家族信托的巧妙设计在于：通过将股份转入信托，股份便从个人持有转为信托持有，这样默多克的家族成员就只能从信托中获得股票分红。同时，家族成员可以监督信托的运行，但信托财产已不再属于家族所有，而是归信托所有。这样做就保证了家族企业的股权不会因家庭成员的婚姻变故而受影响，也不会影响企业的运转。家族信托帮助默多克规避了婚姻变故带来的风险，同时实现了两个目标：第一，信托公司作为受托方，按照默多克的意愿，将指定的财产受益权划拨给邓文迪和默多克所生的两个女儿，使她们可以定期领取股票的分红，但不能处置受益股票，从而保护企业和家族财产不被分割。第二，家族信托起到了防火墙的作用，将邓文迪隔离在新闻集团之外，使她无法参与集团的经营。默多克对家族信托财产只有委托权，无所有权，因此这些财产不属于他的婚内财产，不会因离婚而被分割，从而确保了公司运营的稳定性。

所以从这个意义上来说，财富继承的范围并非仅限于高净值人士在离世后私有财产的处置与归属问题。当财富继承的相关条件得以满足时，其范围应当扩展到涉及财产所有人去世、家族分裂等一切可能引发财产变动的情境之中。同时，在财富管理与保值工作的起始阶段，财富继承的范围亦应涵盖财产归属的明确界定、财产继承人的培养教育、财产风险的防控管理等诸多方面。在上述所有方面，均应遵循被继承人的遗愿，合理分配其财富与权利。唯有如此，方能精准诠释财富传承在现行私有财产制度中的深远意义，并充分展现其现实价值。

境外财富传承现状

欧美发达国家向来重视对私有财产的保护。从公元前 2500 多年古罗马帝国时期兴盛的"遗产信托"制度，到 13 世纪英国的"尤斯制"，私有财产神圣不可侵犯的观念一直延续至今。随着时间的推移，这一思想已逐步发展成为一套日益完善的对私有财产进行管理、信托、继承、慈善和交易的财富传承制度体系。

虽然欧美发达国家注重保护私有财产，由此保障了更多富人的钱财不受损失，但是因为征收遗产税而导致财富缩水的现象也时有发生。

美国是一个"全球征税"的国家，同时采用"属人"原则，而非"属地"原则。也就是说，只要符合"美国税务居民"条件，其全球财产和收入便需要向美国政府进行申报。[①]然而，倘若没有提前做好税务筹划，这些资产或多或少都会面临一些潜在的税务风险。美国的联邦遗产税采用总遗产税制度，遗产税由遗产本身支付，即先征税再分配遗产。其以被继承人或财产所有人死亡时所遗留的财

---

① 李娜.家族财富传承的信托方案设计 [D].杭州：浙江大学，2016.

产为征税对象，包括现金、证券、不动产、保险、信托、年金和其他资产。[①]在总遗产税制度下，遗嘱执行者或遗产管理人作为纳税义务人先用遗产缴纳遗产税，继承人再继承缴纳了遗产税后剩余的遗产，也就是继承人实际上继承的遗产就少了，继承人虽然不是纳税义务人但却是税负的实际承担者。[②]

于是，众多富人为了有效减少遗产税的征收税额，就会选择另外一种方式：设立信托，将一部分或全部资产转移到信托中。在信托中，这些资产不再是以个人名义持有，因此无须缴纳遗产税。并且美国对公益信托实行税收优惠。在慈善信托设立环节，美国给予委托人所得税较大程度的抵扣优惠。符合条件的慈善信托基金可以申请获取免税资格。[③]

一般而言，赠与税和遗产税申报必须在原财产所有者身故之后的 9 个月内提交，并以现金、支票或电汇等方式缴清税款之后，才可以进行遗产分配。如果无法在 9 个月内按期提交，可以提交 4768 表格[④]申请，获得最长 6 个月的延期。倘若遗产继承人的现金不足或无法按时缴清税款，则会面临无法继承遗产的风险。

美国的税务体系虽然庞大而复杂，同时税务部门执法严苛，但美国法律也赋予了个别金融工具缓税/免税的功能，比如人寿保险、慈善捐赠等。美国法典101、803 以及 IRS 7702 等条款规定，人寿保险的身故理赔金免缴收入所得税，保单内的收益免缴资本利得税。这意味着，持有美国人寿保单而获得的收益可以免缴资本利得税，身故赔偿金在受益人继承时也不需缴纳收入税。如果资产量足够

① IRS.Estate Tax[R/OL]. （2023-11-27） [2024-02-15].https://www.irs.gov/businesses/small-businesses-self-employed/estate-tax.
② IRS.About Publication 559, Survivors, Executors and Administrators[R/OL]. （2023-06-02） [2024-02-15].https://www.irs.gov/forms-pubs/about-publication-559.
③ 腾讯网.境外信托税收制度研究（三）[EB/OL].(2021-11-05) [2024-03-27].https://new.qq.com/rain/a/20211105A0789V00.
④ 4768 表格，用于申请延长提交报税表和/或缴付美国遗产税（及跨代转移税）的期限。

大的话，还可以将大额人寿保单装入信托，与信托结合使用。这样做的好处在于，可以让这部分资产完全免税，并能对冲其他资产带来的赠与税和遗产税等税务风险。与此同时，还可以实现财富隐私和风险隔离等需求，起到"欠债不还、离婚不分、遗产税不给"的效果。

即使是美国人最为津津乐道的洛克菲勒家族，兴旺也才不到100年，而英国霍华德家族作为英国最富有的家族已经有500多年历史了。在很多人看来，美国超级富豪家族的寿命并不长，这主要是由美国的遗产税政策造成的。但英国的遗产税税率比美国还要高，仍挡不住最富有家族一代代地传承和占据巨额财富。其主要原因，就是英国富人相比美国富人更好地通过人寿保险实现了遗产规划。

由于私有财产是英国社会各个群体关注的焦点，英国社会尤其重视。但是近些年的一些数据表明，财富传承的有效性危机引发了英国家庭的关注。

近些年，越来越多的英国家庭因为未能提前规划好遗产税（IHT）而付出了巨款。英国国家统计局（ONS）的最新调查结果显示，英国在2022/2023年征收的IHT收入高达惊人的70.9亿英镑，比上一年增长了17.2%。

研究表明，房产增值和通货膨胀的共同作用推高了缴纳遗产税的家庭数量和金额，但更多是由很多家庭未能提前规划而造成的。目前，英国遗产税的零税率区间（nil rate band，NRB）已被固定在32.5万英镑，并将一直维持到2028年。这意味着个人的总遗产价值在32.5万英镑以下时，不需要缴纳遗产税；而当超过这个数额之后，遗产将以标准税率的40%纳税。

英国作为信托的起源国，在运用信托作为财富管理的手段上为其他国家提供了巨大的借鉴价值。英国信托在整个发展过程中逐渐构建起较为完善的法律体系，已逐渐由"个人型无偿信托"转变为"现代法人型营业信托"。但时下，英国信托业仍然偏重于个人信托。在信托内容上，以民事、公益信托为主；在信的标的物上，主要为土地和房地产；在信托的监管方面，个人信托业务由法院监管，而法人信托的监管则需要英格兰银行和证券及投资委员会来负责。在英国，设立信托的条件较宽松，不动产可以作为信托的财产，而信托运作的主体，也就是受托人，可以是个人。

总体来说，私有财产保护这一规则使得以欧美国家为代表的富人的财产得以留存，但是高额的遗产税让富人不得不提前筹划。家族财富传承的手段越来越趋向于保险、信托、慈善基金等，而不是通过单一的遗嘱、赠与或者法定继承的方式来进行。

以下案例佐证了这一点。

案例【迈克尔·杰克逊家族信托：实现合理避税】

国际巨星迈克尔·杰克逊巧妙地运用遗嘱与信托的结合，绕开了可能存在的税务风险和争议风险。

首先，设计规划信托资产的受益安排。通过设立信托，将受益人的安排和信托财产受益权所示的分配条款进行灵活组合，保护家族财富得以延续。迈克尔在遗嘱中声明，他的全部财产（当时估计超过 5 亿美元）交付给"迈克尔·杰克逊家族信托基金"，并指定他的母亲凯瑟琳·杰克逊和三名子女为信托受益人。

其次，合理避税。美国是全球征税国家，在美国税法下劳动所得的税收很难规避。联邦所得税税率最高可以达到 39.6%。但是慈善基金会是以慈善为目的设立的，所以慈善捐赠不征所得税。迈克尔·杰克逊还设立了"迈克尔·杰克逊家族信托基金"以规避遗产税。由于信托基金设立时已将财产的所有权转移给受托人，家族信托财产为独立财产，不再属于委托人，当委托人身故，家族信托财产也就不属于委托人的遗产，因此不涉及遗产税的问题。

得益于迈克尔·杰克逊生前对财富传承的筹划、安排，杰克逊去世后，他设立遗嘱信托中的所有受益人就不用承担美国高额的遗产税，也不用担心这些受益人因离婚而向法院提起诉讼要求分割财产，不可不谓是一个明智的安排。

目前，境外的高净值人群更倾向于选择以家族信托为传承工具，即使遗嘱继承、慈善基金、保险等传统的法律手段在境外特别是欧美发达国家也已具有相当成熟的制度。

境内财富传承现状

我国的财富传承方式深受中华民族传统家族文化的影响，一部分高净值人群对于财富传承工具的认知仅限于遗嘱继承的传统方式。这些年，才开始有人陆续配置保险金信托，这与我国的财富传承业务起步较晚、法律制度不完善有一定的关系。

我国宪法对于私有财产的保护经历了一定的历史演变。从现行的 1982 年宪法以及其后的 4 项修正案中我们可以清楚地看到私有财产在社会主义经济体系中的地位正在逐渐提升，如表 1-1 所示。

表1-1 我国宪法历次修改对私有财产保障规定的演变

文件名称	修改内容
1949年9月29日通过的起到临时宪法作用的《中国人民政治协商会议共同纲领》	第三条规定：保护国家的公共财产和合作社的财产，保护工人、农民、小资产阶级和民族资产阶级的经济利益及其私有财产； 第二十六条规定：调剂国营经济、合作社经济、农民和手工业者的个体经济、私人资本主义经济和国家资本主义经济，使各种社会经济成分在国营经济领导之下，分工合作，各得其所，以促进整个社会经济的发展； 第三十条规定：凡有利于国计民生的私营经济事业，人民政府应鼓励其经营的积极性，并扶助其发展。
1954年9月20日通过的《中华人民共和国宪法》	第十条规定：国家依照法律保护资本家的生产资料所有权和其他资本所有权； 国家对资本主义工商业采取利用、限制和改造的政策。国家通过国家行政机关的管理、国营经济的领导和工人群众的监督，利用资本主义工商业的有利于国计民生的积极作用，限制它们的不利于国计民生的消极作用，鼓励和指导它们转变为各种不同形式的国家资本主义经济，逐步以全民所有制代替资本家所有制。
1975年1月17日通过的《中华人民共和国宪法》	第八条规定：社会主义的公共财产不可侵犯。 第九条规定：国家保护公民的劳动收入、储蓄、房屋和各种生活资料的所有权。 从1975年宪法的规定看，国家已经不再规定保护生产资料的所有权。
1978年3月5日通过的《中华人民共和国宪法》	第八条规定：社会主义的公共财产不可侵犯； 第九条规定：国家保护公民的合法收入、储蓄、房屋和各种生活资料的所有权。
1982年12月4日通过的现行《中华人民共和国宪法》	第十二条规定：社会主义的公共财产神圣不可侵犯； 第十三条规定：国家保护公民的合法收入、储蓄、房屋和其他合法财产的所有权。
1988年通过的《中华人民共和国宪法修正案》	第十一条增加规定：国家允许私营经济在法律规定的范围内存在和发展。私营经济是社会主义公有制经济的补充。国家保护私营经济的合法的权利和利益，对私营经济实行引导、监督和管理。

续表

文件名称	修改内容
1993 年通过的《中华人民共和国宪法修正案》	用"社会主义市场经济"取代"计划经济"，用"国有经济""国有企业"取代"国营经济""国营企业"。
1999 年通过的《中华人民共和国宪法修正案》	将"国家允许私营经济在法律规定的范围内存在和发展。私营经济是社会主义公有制经济的补充"修改为"私营经济等非公有制经济，是社会主义市场经济的重要组成部分"。
2004 年通过的《中华人民共和国宪法修正案》	第十三条修改为："公民的合法的私有财产不受侵犯"；"国家依照法律规定保护公民的私有财产权和继承权"；"国家为了公共利益的需要，可以依照法律规定对公民的私有财产实行征收或者征用并给予补偿"。

不仅仅是宪法，下位法中对于私有财产保护的规定也得到了相应的完善。《民法典》尚未出台前，相应的《中华人民共和国民法总则》（第一百一十三条、一百一十四条）、《中华人民共和国物权法》（以下简称《物权法》）（第四条）、《中华人民共和国继承法》（以下简称《继承法》）（第三条）均在私有财产的保护上有了较大的发展。《民法典》出台以后，第二百四十三条、二百六十六条、二百六十七条也规定了私人财产所有权及其保护。

虽然国家越来越重视对私人财产的保护，但是相关法律体系还有待进一步完善。比如对遗嘱继承的形式的认识、对遗嘱继承的执行都存在不足，特别是就遗嘱执行死者的意志这个层面来说是有缺陷的。因此通过遗嘱继承的方式并不一定能够达到死者安排财富传承的效果。

案例【遗产分配视角下的泸州遗赠案】[①]

1990 年，黄永彬与蒋伦芳登记结婚，然而出于身体原因，他们始终未能

---

① 据四川省泸州市（2001）纳溪民初字第 561 号民事判决书。

迎来子嗣，导致家庭关系逐渐紧张。在婚姻中，他们育有一名养子。1994 年，黄永彬结识了张学英，并与她建立了联系。1996 年，两人开始公开同居，其后两人依赖黄永彬的退休金和奖金过活。值得注意的是，黄永彬并没有与蒋伦芳离婚。2001 年 2 月，由于罹患肝癌，黄永彬不得不住院治疗，而蒋伦芳一直在医院照顾他。同年 4 月 18 日，黄永彬立下遗嘱，其中写道："我决定将根据法律获得的住房补贴金、公积金、抚恤金，以及售价 4 万元的泸州市江阳区一套住房的一半，以及一部手机，全部留给我的朋友张学英。我去世后，骨灰盒的安葬事宜由张学英负责。"

张学英依据黄永彬的遗嘱向法院起诉蒋伦芳。黄永彬的遗嘱虽然真实表达了他的意愿，且在形式上合法，但法院最终以"抚恤金属于死者单位对死者直系亲属的抚慰，而黄永彬去世后的抚恤金并非其个人财产，不属于遗赠财产的范围；黄永彬的住房补助金和公积金属于夫妻共同财产，但黄永彬未经蒋伦芳同意，单独处置夫妻共同财产，侵犯了蒋伦芳的合法权益"为由判决张学英败诉。

《继承法》保护公序良俗，保护合法配偶的权利。但如果一对夫妻的感情已经破裂，双方已经进入诉讼离婚程序，这时候一方去世，另一方反而有可能获得比离婚分产更多的财产，这可能不是逝者所期望的。也就是说，遗嘱继承在实践中并不能很好地执行逝者的意志，起到财富安排的最佳效果。

另外，因为被继承人去世后，遗产会由其配偶、子女等或者第二顺序继承人平分，而当继承人继承后的遗产再次发生继承的时候，新的继承人与最初的死者很可能已经不存在血缘关系、宗族关系，那么财富的流失只是时间问题。即使是在遗嘱继承的情形下，按《民法典》的规定，继承人也需要到公证处进行继承公证。按照程序，所有继承人必须亲自到场，并与公证员分别进行谈话，书面确认遗嘱内容，审查是否存在无效原因，然后才能执行遗嘱。这大大增加了财富传承的难度。

随着财产的多元化以及我国高净值群体的扩大，财富传承的方式也呈现多元化的趋势。诸多高净值群体的资产往往以企业资产、收藏品、股权、知识产权等非货币化的形式存在。对于这些非货币化形式的资产传承，实践中不乏大胆的尝试和惨痛的教训。例如，鲁冠球设立的三农扶志基金的信托资产在最初就是其捐赠的公司股权。

案例【鲁冠球三农扶志基金助力财富传承】

2018 年 6 月，万向德农、承德露露以及航民股份共同出具《关于公司股东设立慈善信托的提示性公告》：鲁伟鼎基于慈善目的设立鲁冠球三农扶志基金，并将其持有的万向三农集团有限公司 6 亿元股权无偿授予基金。

2017 年，有"浙商教父"之称的万向集团董事长鲁冠球因病离世，留下资产超千亿的庞大"万向王国"。鲁冠球去世后，鲁伟鼎成为继父亲之后集团的新的灵魂人物。同时，由于鲁冠球对农业、农村、农民有着特殊的情结，鲁伟鼎以父亲名字命名并设立永久存续的慈善信托——鲁冠球三农扶志基金，并将其持有的万向三农集团的全部股权无偿授予鲁冠球三农扶志基金。该慈善信托财产和收益将全部用于开展慈善活动或由万向三农集团继续开展与三农相关的产业投资。

案例【季羡林：收藏品的财富传承】

国学大师季羡林于 2009 年 7 月逝世。2010 年开始，其子季承对季羡林生前捐赠给北大的书籍、字画是否应由北京大学占有提出疑问，并于 2012 年起诉北京大学，要求返还季羡林文物、字画等共计 649 件，价值上亿元。

这个案例中，季老对其收藏品选择了赠与的方式进行传承。赠与属于双方法律行为，一旦签署协议，或者口头承诺，将财产转移后，就会产生法律效力，当事人对自己的财产就再也没有处置权了，也就是说财产不再属于赠与人了。这里存在很大的道德风险，也就是说季老将自己的财产提前捐赠给北大了，但是存在北大并不按照他老人家的意愿进行管理的风险。即使后来季老发现自己的财产被他人获取、偷偷流入拍卖市场后，立下委托书和遗嘱想撤销赠与，但由于赠与行为已经成立，季老赠与的书籍、字画已归属北大。虽然《民法典》第一千一百三十三条规定自然人可以依照本法规定立遗嘱处分个人财产，但是因为季老生前已经将财产赠与北大，财产的权利就不再属于季老，他再也无法按照自己的意愿分配财产了。

2010 年到 2017 年，季承一直在与北大就父亲遗产的归属问题进行法庭诉讼。2012 年，该案正式在北京法院立案，法院一审判决季承败诉。季承于 2017 年上诉，但二审依然驳回了季承的全部诉讼请求。季承此后没有采取更多措施，一时沸沸扬扬的季羡林遗产纠纷案不了了之。

季老的遗产风波涉及的收藏品系一种新型的财产形式。收藏品的传承存在较大的风险。作为非标准体，其价格与生产成本关系不大，而与购买者的欲望、收入相关。并且收藏品的转移相对方便，其所对应的权属风险较大，在实际的传承中，需要谨慎规划。

家族财富传承的四大工具

四大传承工具

家族财富传承的手段常见的有四种，即赠与、继承、保险、家族信托。下文将从这四种不同手段的优劣出发去分析其在法律与现实层面上的适用性。

第一种手段是赠与。

赠与指的是"赠与人将自己的财产无偿给予受赠人，受赠人无偿接受的行为"。

赠与作为传承方式主要有两种优势。

第一，税费优惠。赠与在世界各法系中，都是一种能够实现最优节税的将所有权进行传承的方式，但是赠与也不能完全免税。比如在美国税法中，对于属于美国的资产，无论是谁拥有财产，无论是向谁赠与财产，只要超过了赠与税的免税额，就需要缴纳赠与税。同样地，无论是谁的遗产，无论是谁接受赠与，只要超过了免税额，就需要缴纳税费。这些税款是根据财产的价值来计算的，超过免税额部分将会被征税。又如我国的不动产赠与行为需要缴税，受赠方按 3% 的税率缴纳契税以及 0.05% 的印花税。

第二，遵照自我意志分配。财产所有权人可在生前意识清醒之时，遵照自我意愿决定财产如何分配调度，也可以依据子女能力或性别不同，分配和管理不同性质的资产，避免继承时的分配不均。

赠与的劣势主要在于赠与人可能会丧失财产的所有权。生前赠与出去的财产即属于受赠人所有，赠与完成后赠与人即失去对财产的所有权，对财产也将无法掌控，对于受赠人获得财产之后的行为也无法把握，无法实现家族财产的管理与保值、增值的目的。虽然根据我国《民法典》合同编有关赠与合同的规定，存在三种情形赠与人有权撤销，分别为，一是严重侵害赠与人或者赠与人近亲属的合法权益，二是对赠与人有扶养义务而不履行，三是不履行赠与合同约定的义务，但是就一般家族财富的传承来说，遗赠的行为通常没有监督人，公证也仅仅是对赠与合同效力的认定，并不能安排受赠人接受财产后的行为。赠与人一旦死亡，撤销赠与合同的主体资格也不会扩大到赠与人的相关近亲属。所以赠与这种行为只是一般的民事赠与行为，而一般的民事赠与行为及其法律规范针对的仅仅是赠与合同下的双方权利义务，并不能很好地容纳"家族财富传承"这一个必要元素。

案例【父母对子女的赠与：孙书兰与刘翠花的赡养之争】①

2003 年母亲孙书兰与女儿刘翠花签订赠与合同。合同约定：孙书兰自愿将个人所有的一处房产赠与女儿刘翠花，希望女儿刘翠花为自己养老送终。

孙书兰一直与女儿刘翠花、女婿徐征一同居住在上述房屋中。此后，家庭矛盾开始升级，纠纷不断。女婿、女儿未能对孙书兰尽到赡养义务，并希望其搬去养老院居住或者委托他人照顾。刘翠花之夫徐征还多次要求将自己的名字加在房产证上。最终，因为孙书兰生活起居确需人照顾，2004 年 11 月，其次子刘元良搬来与母亲一同居住。

2005 年 1 月，刘翠花夫妇向法院提起诉讼，以赠与合同已完成过户登记为由要求排除妨害，要求孙书兰及刘元良搬出。后经法院判决，认为孙书兰与刘翠花之间的赠与合同是附赡养义务的赠与合同，刘翠花不履行赡养义务

---

① 据北京市平谷区人民法院（2017）京 0117 民初 4922 号民事判决书改写。

已经构成可撤销合同的条件，应当经孙书兰另行起诉后予以撤销。

在赠与这种情况中，特别是父母对子女的赠与，通常存在的情形就是赠与之后子女不履行赡养义务，或者未完成父母对子女的期待，反过来损害父母的合法权益。实践中仍有案例系隔代赠与的情形，老人提前将财产赠与孙子，却被儿孙赶出家门，因此提前赠与产生的风险很大。

案例【隔代赠与：金老伯将房子赠与孙子后被赶出家门】

金老伯今年86岁，此前他一直在高校工作。工作期间学校给他分配了一套位于上海浦东新区的房子，老两口一直居住在此。几年前，金老伯因病入院动了手术，身体状况急转直下。此后，儿子儿媳便不断劝说老人将名下这唯一一套房产提早过户给孙子，以免日后出于身体原因造成办理上的麻烦。金老伯认为这房子反正以后肯定是要留给儿子和孙子的，于是，便将房子过户给了孙子。虽然转让合同上写的转让价款为105万元，但金老伯表示："实际上他们一分钱也没有出，约定产权归孙子，使用权归我们，我们可以一直在房子里面住。"

房产过户后，儿子一家为表示"诚意"，将新办的房产证交由老两口保管。之后，因为金老伯身体欠佳不便爬楼梯，便将房屋出租，用租金补贴租住了一套一楼的房子。

但自2023年开始，金老伯的儿子突然表示，要把房子卖掉去买别墅。金老伯蒙了：如果房子卖了，自己和老伴怎么办？面对老两口的苦苦哀求，儿子却无动于衷，甚至还对他们恶言相向。随后，因为两人不愿意交出房产证，孙子直接以遗失为由，重新去补办了一张新的房产证。

根据《民法典》第二百零九条的规定，不动产物权的设立、变更、转让和消灭，必须经依法登记，方能发生效力。在这个案例中，金老伯将房产过户给孙子的行为是在合法程序下完成的，因此孙子成为房产的法律所有人，这一点是毋庸置疑的。然而，问题的关键在于，这次过户是否存在儿子和儿媳施加压力或误导的情况。若能证明金老伯在不完全自愿的情况下做出了过户决定，那么根据《民法典》第六百六十三条，赠与人在特定条件下，可以撤销赠与。尤其是如果受赠人严重侵害赠与人或其近亲属的合法权益，赠与人有权撤销赠与。可见，除完成财产的转移外，赠与并不能很好地实现家族传承中财富与意志两个维度的目的。

案例【赠与保姆：临终老人将 19.8 万元赠与保姆】

宋大爷的子女因工作较忙，无法经常给予其照顾，于是，聘用傅女士给宋大爷当保姆，专职照顾其衣食起居。临终前，宋大爷在处理完个人财产后，为表达对傅女士多年照顾的感激之情，决定将其剩余的个人存款 19.8 万元赠与她。他写下赠与书，并邀请医生当场拍摄其宣读声明书之场景，且事后又出示给其主治医生查看。

宋大爷的儿子宋先生却对赠与书和视频产生了质疑，申请对赠与书的笔迹进行鉴定，并提交了一本由宋大爷生前书写的笔记本作为鉴定材料进行比对。权威鉴定机构认为，鉴定材料笔记本中的字迹与赠与书的笔迹形成时间相隔较为久远，且鉴定材料不充分，遂要求宋先生继续补充时间较近的笔迹资料。但宋先生未在指定的期限内补充，遂导致笔迹鉴定终止。

随后，宋先生又向法院提交了医院的两位医生书写的说明各一份。其中主治医生表示，"宋大爷写字据的时候，本人不在场，事后我从门诊回病房的时候，宋大爷把字据拿给我看，是不是他本人所写，我没看见"，但当时询问了宋大爷是否受到威胁，宋大爷予以否认。另一位医生则表示，"我只是负责帮宋大爷拍一段视频，但作为证据的 27 秒视频，并不完整（意思是视频很短，作为证据据并不充分），具体记忆不清"。

据此，宋先生诉请法院判令傅女士退还银行存款 19.8 万元及相应利息。

法院审理认为，从视频可以看出，拍摄视频时，宋大爷端坐在病床边，双手持一张 A4 白纸，透过白纸背面可见纸面正面有两段笔迹，并有红色手模印迹，宋大爷宣读的言辞内容清晰可辨。因此，赠与书、拍摄视频、被告提交的调查笔录、原告提交的两位医生说明，已形成完整证据链，这些证据足以体现宋大爷的内心真实意愿。19.8 万元存款系宋大爷单独所有，宋大爷对存款享有单独处分之权利，其赠与傅女士系其真实意思表示，且赠与已实际履行完毕，被告取得上述存款既未违反法律、行政法规的强制性规定，亦未违反公序良俗，应认定为合法有效。

如果想避免与上述案例类似的纠纷，我们应当记住遗赠行为受到法律约束，不具备法律要件的遗赠很可能无效。《继承法》第十六条、第二十五条对遗赠有所规定：公民可以立遗嘱将个人财产赠给国家、集体或者法定继承人以外的人。受遗赠人应在知道受遗赠后两个月内作出接受或者放弃的明确表示，到期未作明示的视为放弃受遗赠。再如第二十七条规定：遗赠受领人先于遗嘱人死亡，则遗赠无效。

第二种方式是继承。

家族财富传承的主要方式是遗嘱继承，又称"指定继承"，指继承人按照被继承人所立合法有效的遗嘱而承受其遗产。遗嘱继承由设立遗嘱和遗嘱人死亡两个法律事实所构成，它们分别具有设立效力和执行效力。[①]

继承作为传承方式有以下四点优势。

第一，遗产范畴明晰。家庭财富多种多样，继承人多不能完全掌握财富的分

---

① 王东平.遗嘱继承相关问题对照研究 [J].法制博览，2021（22）：109-110.

布及全部价值。若被继承人未留有遗嘱，便会大大增加其亲属在其身故后查找、归集财富的难度，亦会导致亲属之间的相互猜忌，后患无穷。

第二，遵照自我意志分配。

第三，继承人范围确定。

第四，税务灵活。立足全球法律，继承税较赠与税、遗产税的规划空间更为灵活，因为其免税额、扣除额的空间宽广，税率也更加宽松。若通过遗嘱与信托相结合的方式，可以更好地规划家族财富。

继承的劣势有三点。

第一，认证程序复杂。以我国《民法典》为例，虽然规定了遗嘱可以是书面遗嘱，也可以是口头遗嘱，但是鉴于对证明力的补充，这两者都在不同程度上需要遗嘱人、无利害关系见证人或者代书人签字。关键是通过这种遗嘱方式并不能避免纠纷，因为如果当事人对以上述方式订立的遗嘱存在质疑或者纠纷的话，仍然要通过法院判决确定其效力，不仅徒增继承亲属之间的嫌隙，而且经过法院审理的话，可能取得遗产的耗时会很长。当事人如果通过公证订立遗嘱的话，适用《公证法》，不仅在程序上十分烦琐，同时还要缴纳不低的公证费。

第二，遗嘱须公开。

第三，事后仍容易产生纠纷，甚至导致家庭分裂。

案例【独生子女继承风波：独生女双亲过世后"冒出"22位继承人】

温州的杨女士在办理继承公证时，竟发现父母的遗产有22名继承人。作为独生女的她十分疑惑，三口之家为何突然冒出22位继承人呢？

据了解，杨女士是家中独女，父亲于2004年去世，母亲于2007年去世，当时名下留有一处房产为婚内共同财产。现在杨女士想要过户，但根据《民法典》第一千一百二十七条规定，遗产按照下列顺序继承：第一顺序：配偶、子女、父母；第二顺序：兄弟姐妹、祖父母、外祖父母。杨女士父亲遗产份额将由杨女士的奶奶（杨女士爷爷早于杨女士父亲死亡）、母亲以及杨女士继承，各占1/3；同理母亲遗产份额由杨女士的外公、外婆以及杨女士继承，各占1/3。现在，杨女士的外公、外婆、奶奶已经去世，由此牵涉出22名继承人。想要完全继承房产，杨女士要找到所有继承人。但是这些亲戚遍布全国各地，有些甚至多年未联系。所幸在当地相关部门的协助下，杨女士的这22名亲戚放弃了继承权，遗产最终由杨女士个人继承。

杨女士的事件给中国众多独生子女家庭敲响了警钟，尽管是独生子女，也要做好提前安排，才能保护自己和家人的财产。为了让子女更好地继承遗产，生前预立遗嘱也是一个有效的途径。通过办理公证遗嘱，立遗嘱人可以有效降低遗嘱无效的法律风险，以明确特定继承人的方式，避免错综复杂的继承人关系，减少身后纠纷。但是预立遗嘱并非一劳永逸，同样存在诸多缺陷。

比如，继承开始后，继承人想要完成继承的程序通常较为烦琐。以凭遗嘱传承房产为例，做房屋产权变更，继承人需持有确定其权利的继承权公证文书或者法院的生效判决文书，而继承权公证文书需要所有的法定继承人对遗嘱继承人继承房产均无异议，如任一法定继承人存有异议或拒不配合进行继承权公证，便需通过司法诉讼途径解决。这样，被继承人的至亲就要对簿公堂，必然会对家庭成员之间的关系产生一定的影响，导致家庭关系紧张，甚至破裂，还会因此产生诉累。

案例【梅艳芳：母亲争夺遗产风波】

2003年，香港一代明星梅艳芳因为子宫颈癌病逝，终年40岁。在医院治疗期间，她已经知道自己时日不多，于是在咨询了专业人士之后，于病床上完成了遗嘱和信托的设立。

梅艳芳没有成功在生前将她的全部资产转入信托，而是通过之前立下的遗嘱作为兜底方式，将资产注入信托。梅艳芳信托则以生前信托加遗嘱的形式设立。但梅的妈妈覃美金对遗嘱不满。梅母于2004年入禀法院，声称梅艳芳的遗嘱是其在神志不清的状态下订立的，要求法庭裁定遗嘱无效，并判决其获得女儿留下的全部资产，而不是只有每月7万港元的生活费。她先后控告遗嘱执行人、主诊医师、遗产受益人等，并不断控告信托公司，挑战信托安排的有效性，前后共打了十多场官司，在首次开庭前四度更换律师团队。①

对遗嘱继承，香港特别行政区的法律规定，订立遗嘱的人必须具有清醒的认知，要能够充分认识到自己的行为及其产生的后果。此外，还必须有两位无利益冲突的见证人。事实上，梅母第一阶段的诉讼基本也是围绕上述情况展开的。她在法庭上质疑女儿在签署遗嘱时的认知能力，甚至质疑H信托公司和遗嘱见证人互相串通，所以梅艳芳设立遗嘱的时间存在瑕疵。

而且据传，梅氏家族信托中的财产已经所剩无几，梅艳芳希望将剩余财产进行慈善捐赠的目的恐怕无法实现了。可见，诉讼花费了高额的财产。

立遗嘱人的行为能力是否有瑕疵、遗嘱形式要件是否有瑕疵等均会影响遗嘱的效力。死者的意思表示，一旦真实性和合法性遭到质疑，即使是经过公证，具备一定的法律效力，从实际的效果来看，也徒增了亲友的嫌隙与纠纷。

第三种方式是保险。

财富传承以保险为主。保险是以投保人设定的保险事由发生作为给付条件，投保人或被保险人向保险人缴纳约定的保险费，当保险事由发生时，保险人履行给付保险金的商业行为。

---

① 赵宁宁.被击穿的家族信托，俄罗斯亿万富翁信托失败警示录[EB/OL]. (2018-01) [2024-03-28].http://www.xindalilaw.com/newsitem/278299937.

保险作为传承方式有如下优势。

第一，遵从投保人意愿，保证财富分配的确定性。保单传承可以通过指定受益人来实现财富定向传承的意愿。这些财富受法律保护，不容易被家族外人"窃取"。

在传承过程中，传承的时间、方式、对象（受益人）都由传承人（投保人）决定，既能保证财富的长期有效，也可以避免被传承人挥霍。

第二，既提前安排了传承事宜，又不丧失对财产的控制权。

第三，保单可提现，保证资金的流动性。

第四，保密性极强。

第五，税费成本极低。当前，我国法律规定，领取保险给付和理赔金不受个人所得税的影响。因此，富裕人士通过购买高额人寿保险可以成功规避所得税和遗产税的应纳税额。在合同存续期间，还可按照约定收益稳定增值。

第六，门槛低，可根据家庭实际情况配置。

保险的劣势在于仅能传承现金资产，且中途退保会造成一定程度的利益损失。

下面通过两个案例来讲解保险作为传承方式在具体操作中的风险。

案例【保单纠纷：婚前视角下的财富归属争议】

宋先生结婚前老爸离世，他继承了老爸的200万元存款。宋先生就给自己买了一份5年缴费的人寿保险。他婚前缴了2年保费，婚后缴了3年保费，但保费全部来自父亲留下的200万元存款。那么宋先生婚前、婚后都缴过保费，这张保单到底是只属于自己，还是老婆也有份儿呢？

在法律上，宋先生结婚前继承的200万元属于个人财产。因为宋先生婚前、婚后所缴的保费都来源于自己的个人财产，所以这张保单就是宋先生自己的，与其配偶无关。也就是说，即使发生婚变，这张保单的现金价值也不会被分割。假设宋先生婚后 3 年所缴的保费来源于他婚后的工资收入，因为我国《民法典》第一千零六十二条规定工资收入属于夫妻共同财产，所以他婚后所缴保费就来源于夫妻共同财产。在这种情况下，如果发生婚变，婚后所缴保费对应的保单现金价值就有可能被分割。

婚前购买的保单离婚时会不会被分割，首先要看完成缴费的时间是在结婚前还是结婚后，如果是结婚后完成的缴费，那就要看婚后保单缴费使用的是夫妻共同财产还是个人财产。那么，婚后购买的保单，其现金价值如何分割？

案例【保单纠纷：离婚视角下的财富归属争议】

袁女士与王先生于 2006 年 9 月 22 日登记结婚，婚后生育一子。王先生在婚姻关系存续期间以自己为投保人、被保人在安邦财产保险公司投保了 8 份该公司的投资型综合保险。现夫妻感情确已破裂，袁女士作为原告向法院提出离婚请求。双方就保险理财产品等夫妻共同财产的认定及分割问题产生争议。

在婚姻关系存续期间，王先生所投保险虽未到期，但其具有一定的经济价值，应认定为夫妻共同财产。因该保险合同的投保人及被保险人均为王先生，为避免后续纠纷，依法判决该份保单权益归王先生享有，由王先生给袁女士该保险合同现金价值 50% 的补偿款。也就是在投保人和被保险人均为同一个主体的情况下，只要保单投保金额及保单所有的收益被认定为夫妻共同财产，那么在离婚分割财产时，对于投保人来说，在没有特别约定的情况下，这份财产就会有一半被分流出去。

第四种方式是家族信托。

家族信托是指高净值人群委托信托机构，代为管理、处置家族财产的信托计划。其目的在于实现财富管理和子孙福祉。家族信托是财富传承的首选工具。[①]

使用家族信托作为传承方式的优势在于：

第一，资产风险隔离。

第二，长期性的传承规划。

第三，信托资金投向灵活。

第四，私密性保障。

第五，规避高税率。

第六，兼具社会效益和慈善效益。

第七，激励和约束后代。

家族信托的劣势在于：

第一，起点很高，只适合大额资产配置。

第二，部分类型涉及物权、股权转移以及费用问题。这一点主要是信托的设立以转移法律意义上的所有权为基本特征，例如以股权设立信托，首要的就是办理股权变更登记，而办理股权变更登记需要缴纳部分税费。

第三，信托资产没有保证本金和收益的条款。

第四，需要每年缴纳信托管理费。

案例【沈殿霞：给"叛逆期"的女儿一份保障】

香港女星沈殿霞 1989 年与丈夫郑少秋离婚后，与唯一的女儿郑欣宜一同生活。2008 年，62 岁的沈殿霞因肝癌病逝，留下了价值近亿元港币的遗产，这年郑欣宜 21 岁。生前，沈殿霞就特别放心不下独生女郑欣宜。女儿刚踏入娱乐圈，涉世未深，如何通过财富保障她的未来生活，同时正向引导让她健

[①] 舒迪云.家族信托在我国家族财富传承中的运用 [D].南昌：江西师范大学，2018.

康成长，不挥霍，不被外人觊觎巨额遗产？沈殿霞在专业人士的建议下设立了遗嘱信托。

具体分配条款如下。

固定分配：每月只能从信托基金中提取 2 万元港币的生活费，其结婚时可以领取一定比例的资金。

条件分配：当郑欣宜年满 35 岁时，才可以动用信托资产中大额的本金部分。

限制性条款：当郑欣宜面对资产运用等重大事项时，由受托人信托公司负责审批、协助。

2022 年 5 月 30 日凌晨，郑欣宜在社交平台官宣自己 35 岁了。这意味着她已经到了指定年龄来继承母亲留下的 6000 万元港币遗产（约合人民币 5086 万元）。沈殿霞希望女儿不要因为突然拥有的巨额财产而迷失人生方向，激励女儿"做个有用的人"。通过家族信托，她达成心愿。

四大传承工具比较分析

家族财富传承的本质，是通过一种法律手段去实现传承者的意志。因此，传承要考虑财富本身的增值与保值，以及"人"（继承人）的成长与保值问题。从财产的直接传承角度来说，赠与、遗嘱、保险优于家族信托，因为信托在传承过程中存在负收益的风险，而赠与、遗嘱、保险的风险主要是财产因为离婚或者其他纠纷而被分割、追索。从这个层面上说，保险更为稳健。但是在对"人"的安排上，要避免继承人肆意挥霍或者损害财产，发挥培育后代的功能，家族信托则是更好的选择。

除赠与外，遗嘱继承、保险、家族信托均有很好的保密性。其中保险的保密性最强，家族信托次之，两者都无须公布于外界，可避免不必要的家族纠纷。

正如上述所言，赠与、遗嘱继承的主要功能在于抗击风险；保险相对于上述两者，有一定的增值作用，但其最大的功能还是在于财富保全；家族信托可以实现财富的保值增值，但是依赖于受托人的专业知识与专业能力，具有一定的风险。

从税费成本来看，赠与、遗嘱继承对于税费和债务都无法完全免除；节税是保险、家族信托相对于赠与、遗嘱继承所具有的重要能效，现代信托方式中甚至出现了将保险金与信托结合的"保险金信托"，即保险人同时投保与设立信托，将信托受托人也就是信托公司作为保险金的受益人，由信托公司管理、支配这部分保险金，并将所得收益按照信托文件归属于信托受益人，也就是委托人的子孙后代。这一模式将在后面章节中详细谈论。

表 1-2 对四种方式予以简单的比较。

表 1-2　四种传承方式比较

比较内容	遗嘱继承	赠与	保险	家族信托
财产范围	全部类型的财产	全部类型的财产	资金财产	全部类型财产，但在境内实践中以资金财产为主

续表

比较内容	遗嘱继承	赠与	保险	家族信托
保密性	对外保密，对家庭内部保密性差。在遗嘱继承时需要办理继承权公证。办理此项公证时，需要被继承人的全部继承人到场，得到全部继承人同意后，才能办理公证	保密性较好，但是具有公益性质以及公证过的赠与合同保密性相对较弱	保密性较好，一般只有保单合同当事人知道，同时保险受益人领取保险金时不需要其他继承人同意，从而起到私密传承的功效	高度保密。不仅对外保密，且受益人内部也不知道彼此所分配的利益情况
对后代使用财富的限制能力	不能有效控制后代的财富使用状况	不能有效控制后代的财富使用状况	可以通过分期支付等方式对后代财富使用做出限制	可以通过信托文件中的安排，灵活控制后代对财富的使用状况
财富保值增值	不能有效实现财富保值增值，财富面临被继承人的个人债务风险以及税务负担	不能有效实现财富保值增值	可以实现财富的保值增值	可以实现财富的保值增值，但需要设计较好的信托方案

02 家族财富传承的守护者——家族信托

家族信托的模式有很多种，
使用度最高的未必是最好的，
找到适合的才是最重要的。

对于高净值家庭来说，财富管理不仅仅是投资组合的管理，还包括税务规划、遗产规划、风险管理等多个方面。这些方面都需要专业的知识和技能来进行有效的管理。家族信托作为一种策略性的家族财富管理方案，可以帮助家族在世代间传承财富和价值观，确保财富的持续增长和稳定传承。

什么是家族信托

家族信托的定义

在 2018 年 8 月 17 日，中国银行保险监督管理委员会的信托部门向地方银行监督机构发布了一项重要通知，标题为《关于加强规范资产管理业务过渡期内信托监管工作的通知》。此文件中首次正式提及家族信托的概念。该通知首要内容明确指出，家族信托业务不适用于先前发布的《关于规范金融机构资产管理业务的指导意见》（即《资管新规》）。此外，该通知还规定了家族信托所涉及的信托资产价值需超过 1000 万元，并且必须兼具金融管理和事务型管理功能。这份通知的发布标志着中国监管机构对家族信托业务的关注和重视程度有了显著提升，显示出其对于家族信托在资产管理领域独特地位和规范要求的认识。

家族信托是指资产所有者即委托人，基于信任原则，选择具备专业素养且值得信赖的受托人，将资产转移至其名下，由受托人根据合同约定履行财产管理职责，以实现财富传承之目的。其运作模式如图 2-1 所示。

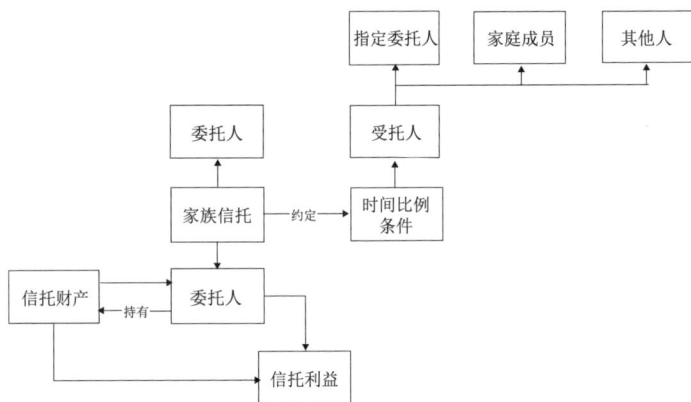

图 2-1　家族信托运作模式

家族信托是一种以实现家族资产传承管理为目的的综合性的金融服务计划，业务内容除组合投资、资产转移管理等金融型理财服务以外，还包括对家族治理、离婚财产分割、养老服务、慈善公益等的事务性管理。

家族信托的功能

家族信托由于其与生俱来的制度优势，具有许多其他金融产品无法具备的功能，综合前述分析，可以将家族信托的功能优势总结为四点：资产保护、定制化财富传承、信息保密和税务筹划。

家族信托的第一个优点是资产保护。

信托资产的独立性是家族信托结构的核心特点。一旦信托协议生效，资产的控制权便转移给信托受益人，而与委托人的个人财务状况完全脱钩。如果委托人日后遭遇财务危机，如破产或债务清算，这些信托资产将不会被用作还债，且不会受到法院的追索。同样，委托人的个人事件，如离婚等，也不会对信托资产造成任何影响。这样的安排确保了信托资产在各种情形下受保护，为家族财富的稳定传承提供了有力的保障。在张兰信托被击穿的案例中，信托财产独立性一旦被法院否认，信托的资产保护功能便荡然无存。

案例【张兰：家族信托被击穿】

案件的起源要回溯到张兰和欧洲私募股权公司CVC基金（以下简称"CVC"）之间的债务纠纷。CVC与张兰签署了收购协议（收购俏江南股权），于2013年12月16日至2014年6月13日期间，张兰累计收到收购款约2.5亿美元。同年，张兰为达到财产保全和继承目的成立了家族信托壳公司Success Elegant Trading Limited（下文简称SETL），随后设立了海外家族信托The Success Elegant Trust，张兰的儿子汪小菲及其子女成为受益人。而在收到CVC转账后，张兰迅速将个人账户中的资金转入SETL，金额共计1.42亿美元。张兰通过在海外设立家族信托，对资本做剥离处理，借助家族信托的独立性为财产传承打下一道防火墙。

但后来CVC与张兰的矛盾不断升级。CVC资本方宣称，张兰此前向CVC资本披露的财务数据存在造假行为，对CVC造成诸多负面影响。CVC对张兰开启了"全球追债特别行动"。

2019年，张兰在与CVC的官司中败诉，共欠对方1.42亿美元（约合人民币9.8亿元）及利息。CVC为了追讨债务，把目光瞄向张兰的家族信托，按理说债权人无法追偿家族信托里的资产，但CVC硬是找到了其中的缺陷——实际受益人与实际财产所有人或许就是张兰。在2022年11月2日，新加坡最高法院做出判决，认定张兰实际拥有两个银行账户资金，同意原告任命接管人的申请，债权人有权追索银行账户里的信托资金。这意味着张兰需要偿还CVC基金的1.42亿美元及利息，其家族信托所在的海外银行账户也被CVC接管。张兰的家族信托因其受益人与实际财产所有人为同一人这一漏洞，被新加坡最高法院驳回其信托财产独立的申辩。

本案中，张兰的两个银行账户以SETL名义开设，张兰也将其拥有的SETL股权转让至信托，但张兰保留了自己对银行账户资金的实际控制权。张兰在收到香港法院发出的冻结令两天后，向德意志银行发出指令，要求将SETL公司账户里的3000多万美元转出。这也进一步证明，张兰对银行资金享有实际权益，能够对账户资金进行处分。

张兰海外信托被击穿的直接原因在于信托财产"独立性"失灵，即信托设立后，委托人的手臂仍无限延伸至信托财产中，任意支配信托财产实现自身利益，使得受托人和其他受益人缺乏干预能力和空间。所以，这一结果的根本原因在于，张兰违反了信托制度的法理和规律，对信托财产独立性制度进行了滥用，而非信托制度本身存在问题。

相较于境外家族信托，境内家族信托是由委托持牌的信托公司设立的，且委托人对信托公司的控制权有限，被击穿的案例目前还没有出现。我国的信托法律制度也归纳了信托财产独立性的基本原则和内容，《信托法》第十六条第一款规定："信托财产与属于受托人所有的财产（以下简称固有财产）相区别，不得归入受托人的固有财产或者成为固有财产的一部分。"2019年11月8日，最高人民法院发布了《关于印发〈全国法院民商事审判工作会议纪要〉的通知》，其中第九十五条规定："信托财产在信托存续期间独立于委托人、受托人、受益人各自的固有财产。委托人将其财产委托给受托人进行管理，在信托依法设立后，该信托财产即独立于委托人未设立信托的其他固有财产。受托人因承诺信托而取得的信托财产，以及通过对信托财产的管理、运用、处分等方式取得的财产，均独立于受托人的固有财产。"

审视本案，可以看出，在信托关系法律制度中，当委托人在信托关系中保留了对信托财产的过多控制权，且权利保留导致信托财产能够被委托人自由支配，信托被"击穿"的可能性就会明显增加。即使家族信托的委托人在表面上没有保留过多权利，但如果委托人的所有指示，受托人都会严格执行，这种情况也可能属于实质上的"虚假信托"，其资产保护功能也会受到影响。

从上文我们知道，如果严格遵循家族信托的独立性，就可以实现对资产的保护。而在企业破产的情形下，家族信托也有可能让企业家涅槃重生。

案例【企业家破产：家族信托竟成为救命稻草】

企业家裴总为扩大企业生产，给公司贷款做了个人连带责任担保。咨询过专业机构的意见后，他将部分家产通过家族信托进行资产隔离，剩余资金用于企业扩大再生产。几年后，经济形势下行，企业行业不景气，同类型公司相继破产，裴总也不例外，但家族信托下的资产得以保全。没想到裴总当时给自己留的小小后路，竟成为他日后东山再起的关键。

债权人对流动资产、不动产和其他形式的资产均有追偿权，而对信托受益权没有追偿权，如图 2-2 所示。因为在法律上，信托财产的所有权已经转让给了受托人，债权人对债务人不享有所有权的财产自然无权追偿。

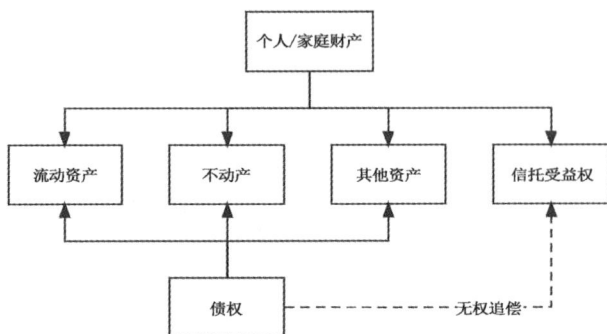

图 2-2　债权人对信托受益权无追偿权

家族信托的第二个优点是定制化财富传承服务。

家族信托对于高净值个体而言，极具吸引力的特征之一是其赋予委托人按个人意志进行资产传承与管理的能力。这一机制允许委托人在信托构建之初，向受托人明确阐述其财务目标、财富传递的具体需求、家族资产的详细状况以及风险承受能力。基于这些细化的输入，受托人将为委托人设计一个定制化的家族信托架构，并提供相应的专业服务。此外，为了进一步增强对信托资产及个人权益的保护，委托人还可以根据需要设定保护人或其他监督及风险控制机制。

在财富传承的股权转移方面，家族信托提供了有效的辅助工具。它使得股权的收益权与控制权得以分离，并在股权转移过程中设定特定的受益条件，以此约束受益人的行为，并最小化因股权转变而可能引起的企业动荡风险。这种方法不仅保持了企业治理的连续性，确保后续代际财富顺利转移，还为公司股权稳定提供了坚实的保障。

定制化传承不仅仅是对财产的传承，还可以是对家风、健康、教育、文化等多元化财富的定制传承，古典的"范式义庄"就充分展示了定制化传承的灵活性。

案例【范氏义庄：十三条 & 二十八条义庄规矩】

范仲淹作为"顶级的资产配置专家"，一手开创了中国历史上第一个家族财产信托基金——"范氏义庄"，这也被公认是中国家族信托的雏形。

范仲淹晚年时将老家苏州自己名下的 1000 多亩田地捐出，设立"范氏义庄"，并且定下十三条族规，以保障范氏家族成员生老病死、婚丧嫁娶、教育和科举所需的费用。该义庄的核心原则是农田只可出租，不可出售或典当。同时义庄设有专门的管理人负责经营管理，族人有权检举管理人的不公行为。

综合来看，范氏义庄明显具有家族信托的雏形。范仲淹是家族信托的委托人，千亩田产是信托资产，范氏义庄是受托人，并拥有独立经营、管理或处分信托财产的权利，范氏族人是家族信托的受益人，享有受益权并依规领取信托收益。范氏义庄的内部治理方式如图 2-3 所示。具体而言，范氏十六房房长会议是范氏义庄的最高决策机构，有权选任主奉（即具体掌管内部日常事务的人）。主奉下设立提管。提管不仅统管义庄的主计（出纳）和典籍（会计），也负责管理各房房长。塾师的角色相对独立，类似于"副主奉"，主管义庄文化及制度建设。

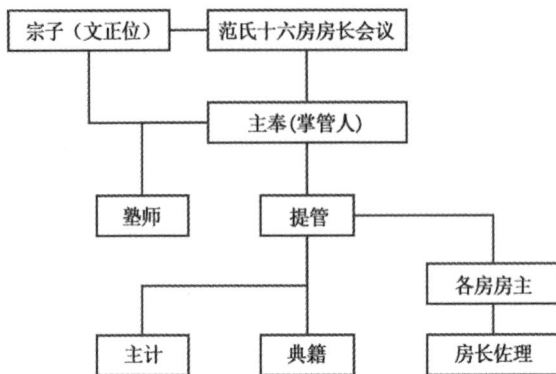

图 2-3　范氏义庄治理结构

范仲淹亲自草拟了十三条义庄规矩，要求主奉执行。十三条义庄规矩是义庄制度运作的核心内容，对义庄日后发展具有指导性意义。

之后，以范仲淹次子范纯仁为首的范氏三兄弟对庄规进行了修改，增设二十八条。在福利、权利限制、福利领取程序、公共财产的使用方面做出限制，对义庄管理层的权利与责任、义庄的日常管理等方面做出规定。

下面笔者结合"义庄规矩"的条款，阐述范仲淹家的"家族信托"的运行规则。

第一，族田、财产的管理。

"义庄规矩"二十八条中的 15—18、20、21 条分别为：

15.族人不得租佃义田（诈立名字同，即也不可以使用欺诈手段租佃义田）。

16.义庄不得典买族人田土。

17.义庄费用虽阙，不得取有利债负。（尽管义庄的经费短缺，但也不能通过借取高利贷来弥补。）

18.义仓内族人不得占居会聚。非出纳勿开。（对于家族的义仓，族人们不得擅自占用或在其中聚会。除非出纳粮食，否则不得随意开启义仓。）

20.义庄人力船车、器用之类，诸位不得借用。

21.族人不得以义宅舍屋私相兑赁质当。

范仲淹信托财产的"独立性"使其建立了共有、共议和共享机制，保障了族田的可持续发展。

第二，后世人才济济，培养了80名状元和400名进士。

"义庄规矩"二十八条中的第1、2条规定如下：

1.诸位子弟得大比试者，每人支钱一十贯文（七十七陌，下皆准此）。再贡者减半。并须实赴大比试乃给。即已给而无故不试者，追纳。［那些在大型考试中表现优秀的子弟，每人会得到十贯钱（七十七陌，下面都按照此标准计算）。如果是第二次参加考试的人，则减半发放。但需要注意的是，这些钱只有在他们实际参加了大型考试之后才会发放。如果已经发放了钱款，但子弟却无故不参加考试，那么就需要追回这些钱款］。

2.诸位子弟内选曾得解或预贡有士行者二人，充诸位教授，月给糙米五石（若遇米价每石及一贯以上，即每石只支钱一贯文）。虽不曾得解预贡，而文行为众所知者，亦听选，仍诸位共议（本位无子弟入学者，不得与议）。若生徒不及六人，止给三石；及八人，给四石；及十人，全给（诸房量力出钱以助束脩者，听）。［在所有的子弟中，选择两位曾经通过乡试或者预贡试并且品德良好的人，担任各位的老师，每月给予五石糙米作为报酬（如果遇到米价每石达到一贯钱的情况，就按照每石支付一贯钱的标准发放）。即使有些人没有通过乡试或预贡试，但只要他们的文学造诣和品行被大家认可，也可以被选为"教授"，这需要各位共同商议决定（如果某个位置没有子弟入学，则不能参与讨论）。如果学生的数量少于六人，那么"教授"的报酬就只给三石糙米；如果学生的数量达到八人，就给四石；如果学生数量达到十人，则全额发放糙米（各房如果愿意出资帮助支付学费，也是被允许的）。]

第三，族田充盈，范氏义庄到了清朝宣统年间拥有义田总数约五千八百一十八亩。

第四，人丁兴旺。根据范来宗的记载，截至嘉庆二十一年（1816），"族丁一千五十余口"，足见其家族的旺盛生机与活力。

"义庄规矩"的设立，确立了共有、共议及共享（义庄的钱用于婚丧嫁娶可理解为共享机制）的运作机制，从而确保了族田资源的可持续利用与发展。共议机制在族田管理中发挥了关键作用，确保了管理活动的长期性、有序性及稳定性。在管理体系方面，族田管理采用了独立的义庄管理体系，该体系具有高度的自主性和独立性。

在管理制度层面，通过制定详尽的义庄规矩，对族田的各项管理事务进行了细致入微的规定。该规矩详细明确了口粮、衣服、婚嫁、丧葬、科举、房屋、借贷等方面的发放对象、数量、方式及监督机制等具体内容，并根据实际情况进行了不断的优化和迭代，以适应时代的发展与变化。

在管理架构上，义庄设立了包括主奉、提管、塾师、主计、典籍等在内的各级工作人员，形成了一个层次分明、职责明确的管理团队。这些工作人员在各自的岗位上发挥着重要作用，共同维护着族田的正常运转。

在管理机制上，义庄实行年度考核制度，对各房的管理工作进行全面评估。只有通过考核，才能获得相应的报酬；对于不称职的工作人员，义庄会果断采取撤换措施，以确保管理团队的整体素质和能力。

在监督机制上，义庄接受来自各房和官府的双重监督。各房作为族田的直接受益者，对管理活动具有天然的监督动力；而官府作为社会管理者，对族田的管理也负有监督责任。这种双重监督机制有效地保障了族田管理的公正性和透明度。

接下来我们看一下现实中发生的真实案例，感受一下设立家族信托的意义。

案例【欧莱雅家族：长达十年的母女纠纷】

2008 年，法国欧莱雅集团的继承人弗朗索瓦丝·贝当古·迈耶斯提起诉讼，将母亲莉莉安告上法庭。迈耶斯是莉莉安唯一的女儿。她声称莉莉安的精神状态不佳，对于管理自己的财产已无法胜任，并指控一名叫巴尼尔的摄影师利用自己年老母亲的"神志不清"骗取 10 亿欧元的巨额财产，要求巴尼尔退还财产。更重要的是，巴尼尔还想让莉莉安认他做养子，显然这会破坏贝当古家族及其继承人计划。

谁也未曾想到，女儿告母亲的官司还没打明白，2010 年，母亲又把女儿告上了法庭，指控女儿侵犯她的隐私、偷窃和伪造证据。

最终迈耶斯和母亲达成和解，从而避免了使欧莱雅落入他人之手。在莉莉安生命的最后几年，母女之间的关系有所缓和，公开宣布和解，巴尼尔也从莉莉安的遗嘱中被删除。

幸运的是，虽然争产官司打了 3 年，但得益于欧莱雅集团"财权与管理权分开"的职业经理人制度，这些家族纷争并未影响到集团和旗下品牌的运营。

这一案例告诉我们，企业家可以通过设计"财权与管理权分开"的治理模式，即家族财产的所有权归继承人，家族财产的管理决策权归专业经理人，来确保公司的高效运营和持续创新。

案例【夫妻育有三子：遗产分配竟成难题？】

刘先生与张女士是一对夫妻，育有三子。早年间两人共同经营一家企业。近几年，老夫妻俩身体每况愈下，想提前将企业传承给自己的三个儿子。但是夫妻二人对于如何安排企业资产有了不同的想法。刘先生打算把企业的管理权和所有资产都交给大儿子管理，其他家庭成员需要钱的时候找大儿子要；张女士则认为如果都交由大儿子管理，其余两个儿子肯定会有意见，三个儿子都已成家，这样分配势必会引起家庭不睦。

针对上述案例中的问题，我们可以通过把股权放入家族信托，实现经营权和股份所有权的分离，来保证企业的正常运营，也同时保障三个儿子应有的股权份额与红利。

这样，一个完整的公司股权家族信托就落地了。运行方式就是企业把股息红利分配给合伙企业，信托公司按照信托文件的规定，将信托利益分配给受益人。

从这个案例看，设立股权家族信托的意义就在于，通过将家族企业的股权置入家族信托，实控人的后代只需通过信托受益权就可以获得企业经营的收益。这样可以避免由后代婚姻变化、法定继承等导致的家族企业股权分散、家族财产外流的问题，从而确保家族企业永续传承和经营。

家族信托的第三个优点是信息保密。

在国际法律的框架下，特别是在一些境外地区，家族资产在向信托机构转移时，发生了一个重要的变化：资产的法律所有权从最初的委托人（即资产的原始拥有者）转移到了信托的受托人（即信托管理机构或个人）。这种所有权的转移并不意味着原始委托人失去了对这些资产的所有利益。事实上，原始委托人作为家族信托的受益人，仍然保留了对信托资产的收益权，即便所有权已经发生了转移。

对外来说，一般家族信托的受托人对于家族信托的设立、财产及分配情况等信息具有严格的保密义务，且家族信托下受益人的信息和受益人的分配份额无须公开，这就很好地保护了家族财富继承和分配隐私；同时，对内也能够有效避免不同家族成员之间因家族信托收益分配而产生的纠纷或矛盾。

在当前的信息化社会，因为信息极易被获取或泄露，个人信息的安全性就尤为重要，家族信托在这方面提供了极大的保障。它不仅能够确保信息的严格保密，还能避免麻烦，让人们不再因财富而感到困扰。

案例【遗嘱内容提前泄露：女儿对母亲"冷眼相对"】

年事已高的陈金花有一儿一女，平时儿女之间的关系十分融洽，虽然姐姐陈苹远嫁，但是也会每天通过微信视频对母亲嘘寒问暖，一到假期也会奔赴老家看望母亲，每个月还按时给弟弟陈良打生活费。但是这样和谐美好的家庭生活因一纸遗嘱的公开而终极破灭。

2020年10月份，68岁的陈金花知道自己日子所剩不多了，她想趁着清醒早早安排后事。于是在家庭微信群里公开了自己拟写的遗嘱。该遗嘱表示，考虑到儿子陈良年纪尚小，便将大部分遗产分给了儿子，女儿仅分到三分之一的财产。从此以后，女儿陈苹便像换了一个人，对待母亲变得无比的冷漠，不再联系、关心自己的母亲，每个月不再给弟弟打生活费。从此，她跟母亲与弟弟也不相往来，美好和谐的家庭氛围被打破。

在达到家族信托门槛的前提下，通过家族信托的方式实现遗产的分配可以有效避免上述案例中发生的情况。因为家族信托不仅是财富传承的有效工具，更具有完善的隐私保护功能。《信托法》第三十三条第三款规定："受托人对委托人、受益人以及处理信托事务的情况和资料负有依法保密的义务。"由此可见，家族信托的保密功能具备明确的法律依据，除信托合同的当事人之外，其他人难以知晓信托财产信息或信托传承方案。

家族信托的第四个优点是税务筹划。

家族信托作为一种财富管理工具，其显著的优势之一便是在税务筹划方面的功能。这一点在国际上尤其突出，因为许多国家都已经实施了遗产税的征收。值得注意的是，这些国家征收的遗产税率通常都相当高。在这种背景下，通过恰当规划家族信托，可以有效避免遗产税的负担，为那些富裕家庭的海外资产传承节省了大量成本。虽然在当前中国尚未开始征收遗产税，但遗产税法的制定和实施看似已成为未来的趋势。

随着遗产税法的潜在实施，中国的家族信托市场预计将迎来显著的增长。对于高净值客户来说，遗产税如同一把悬在头上的利剑，备受瞩目。在进行财富传承规划时，这些客户特别关注如何避免遗产税。从全球范围内的立法实践来看，那些征收遗产税的国家往往设定了较高的税率。除此之外，继承人在继承遗产之前，须先行缴纳一定比例的遗产税，这无疑对现金需求庞大。这就导致许多后代因为无法负担高额的遗产税而难以顺利继承遗产。还有一些国家在征收遗产税时设立了追溯期，比如被继承人在过世前五年内所做的遗产规划可能会被视为无效，这就要求遗产税筹划必须提前进行。

案例【三星李在镕：面对 12 万亿韩元遗产税，为逃税甚至不惜坐牢】

2020 年，三星前会长李健熙去世，留下的财产高达 26 万亿韩元，其中有股票、房产和艺术收藏品等，遗产继承人分别是他的妻子洪罗喜，三个子女李在镕、李富真、李叙显。

李在镕的母亲洪罗喜，两个妹妹李富真、李叙显出售了三星电子股份。洪罗喜和李叙显分别出售了 0.32% 的股份，李富真出售了 0.04% 的股份，母女三人一共套现了 2 万亿韩元。另外，李富真还出售了三星物产、三星数据系统、三星生命保险的部分股份，母女三人售出的股票市值高达 2.8 万亿韩元。三人一起出售股票的大动作，其实只有一个目的——缴纳 3 年前产生的那笔遗产税。

根据韩国遗产税的算法，遗产金额越多，税收越高，起征额为 2000 万韩元，最低 10%，超过 30 亿韩元的最高税率为 50%。如果是大股东继承，还要缴纳持股征收的附加税 20%。最后算下来，继承李健熙遗产的洪罗喜和子女们总共需要缴纳 12 万亿韩元的遗产税，这一数字是韩国政府前一年遗产税总收入的三四倍，也是李健熙他们这一代缴纳遗产税金额的 680 倍。

据说当年李在镕就是因为想用 433 亿韩元的贿赂金间接换来遗产税减免，才会锒铛入狱。

根据税收法定原则，未明确规定的税收不得征收。家族信托不是自然人、法人或者其他组织，不属于企业所得税、个人所得税等明确规定的纳税义务主体，税务机关不能违反税收法定原则，直接向信托计划本身征收税负。家族信托向受益人分配信托收益环节，家族信托的收益分配不属于现行《中华人民共和国个人所得税法》规定的需缴纳个人所得税的九个科目［（一）工资、薪金所得；（二）劳务报酬所得；（三）稿酬所得；（四）特许权使用费所得；（五）经营所得；（六）利息、股息、红利所得；（七）财产租赁所得；（八）财产转让所得；（九）偶然所得］之一，且目前没有任何理论依据和实际案例显示个人取得家族信托分配收益需要纳税。

在中国，根据《信托法》的规定，高净值人群可以通过设立家族信托来进行遗产税的有效规划。[1]在家族信托的框架下，如果受益人不是委托人本人而是其他人，那么这部分信托财产就不会被视为委托人的遗产。因此，利用家族信托进行财富传承，短期内起到了免税的筹划作用，就目前而言，尚未有法律法规明确需对家族信托收益征税。对家族信托收益征税需配合遗产税、赠与税等涉及财富传承的众多税种，需政府部门从顶层设计出发综合考虑。一般情况下，法不溯及既往，在正式的法律颁布前，之前取得的家族信托收益可能不用补缴税款，这在一定程度上实现了税务递延。退一步讲，即便正式的法律颁布后需对之前取得的家族信托收益进行税款补缴，也不涉及罚款等额外支出。

案例【云南信托：巧妙使用税务递延功能】

周云锋通过证券私募投资基金泰盈安盈4号百分百控股云南国际信托，并通过这一信托产品间接投资于常州博与文，从而间接持有南京诗洁企业管理咨询合伙企业（有限合伙）的财产份额，其权属情况如图2-4所示。这样的操作既合理又合法合规。

如图2-4所示，常州博与文控制南京诗洁，南京诗洁的利润全部分配给常州博与文。根据常州博与文的合伙协议约定，普通合伙人（general partner，GP）（常州赛新德）利润分配1元，剩余所有利润归有限合伙人（limited partner，LP）云南国际信托有限公司所受托管理的广德1号信托所有。云南国际信托作为有限合伙企业，向证券私募投资基金泰盈安盈4号分配利润不需要履行代扣代缴义务，所以周云锋作为云南国际信托的唯一最终权益人，通

---

① 中国在1940年7月1日正式开征过遗产税。中华人民共和国成立后，1950年通过的《全国税政实施要则》将遗产税作为拟开征的税种之一，但限于当时的条件未予开征。1994年的新税制改革将遗产税列为国家可能开征的税种之一。1996年全国人大批准了《国民经济和社会发展"九五"计划和2010年远景目标纲要》，纲要中提出"逐步开征遗产税和赠与税"。目前我国还没有开始征收遗产税，只是出台了一部草案。

过证券私募投资基金泰盈安盈 4 号集合信托产品享有常州博与文所分配的利润，完美起到纳税递延的作用。

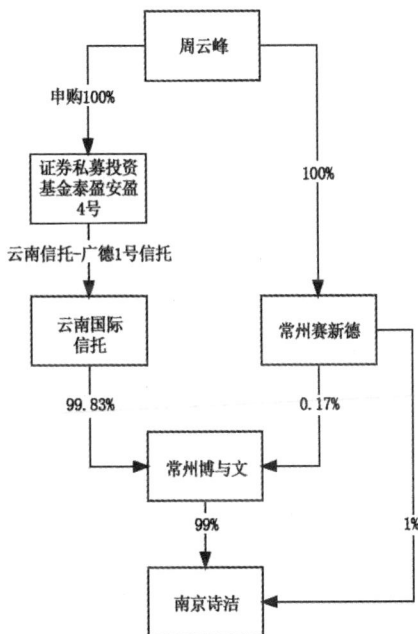

图 2-4 周云峰信托持股构架

家族信托结构的核心是所有权与收益权的区分。当委托人将资产转交给信托公司或其他指定的受托人时，这些资产的所有权即发生转移，不再属于原委托人。这种所有权的转移带来了许多优势，例如提高资产管理的效率，保护资产免受法律诉讼风险，以及实现税务优化。因此，家族信托对于那些希望为其财产找到安全、高效传承途径的富裕家族来说是不错的选择。随着这种理念在国内的普及，家族信托止逐渐成为资产管理和传承的一个重要选择。

家族信托的分类

家族信托业务是一种特殊的信托安排，旨在为家族成员提供财务保障和财富传承。根据其运作模式的不同，家族信托业务大致可以分为四种主要模式。具体模式包括：一是以信托公司为主导的模式；二是以"私人银行为主导，信托公司作为通道"的模式，在此模式中，私人银行承担主动管理角色，而信托公司则更多地作为被动参与者，即作为一个"通道"；三是私人银行与信托公司合作的模式，此模式下两者结合各自优势进行合作；四是信托公司与保险公司合作的模式。[①]

在当前社会背景下，为适应不同家族的个性化需求，家族信托模式日益多样化。下文将对家族信托模式的特点及其在资产配置、事务管理和财富传承方面的应用进行详细分析。例如，信托公司拥有信托牌照的优势，商业银行则以良好的客户口碑和较强的资产管理能力著称，而第三方机构则擅长提供专业的咨询和财务服务等。具体如表2-1所示。

表2-1　不同家族信托模式优势比较

参与主体	优势
信托公司	信托牌照优势、架构设计的专业性、全市场资产配置能力
商业银行	口碑信誉、客户资源、资产管理能力
第三方机构	咨询、专业能力、高净值客户资源
独立家族办公室	专业全方位、个性化需求、服务范围广泛
律师事务所	咨询、专业能力
保险公司	提供保单等相关服务，在理赔发生前管理客户资金

---

① 潘修平.中国家族信托：原理与实务 [M].北京：知识产权出版社，2017：9-10.

首先是信托公司主导的模式。

信托公司在家族信托领域因其能够分离信托财产的所有权与收益权而显示出明显的优势，这使它们成为家族信托发展的关键角色。这些公司提供涵盖货币市场、资本市场和实业投资等的广泛业务，其全面和跨市场的专业能力为设计家族信托产品提供了极大的灵活性。在开展家族信托业务过程中，商业银行、保险公司以及第三方财富管理机构通常需与信托公司展开合作。

案例【平安信托："鸿承世家家族信托" 中国首个家族信托】

2013年我国家族信托市场逐渐兴起，平安信托作为行业领军者，推出了国内首个家族信托产品。此后，众多金融机构纷纷跟进，竞相布局家族信托业务。平安信托的家族信托业务主要针对直销客户，并依托集团资源优势拓展潜在客户群体。

该公司首个家族信托产品名为"平安财富·鸿承世家系列单一万全资金信托计划"（简称"鸿承世家家族信托"），具体情况如下：该家族信托由一位40多岁的企业家创设，初始资金5000万元，为单一信托，期限50年。投资方向主要包括现金类和固定收益类资产，如物业管理、证券组合投资、基础设施建设和集合资金信托计划等，预期年收益率在4%～4.5%。客户可根据需求选择多种收益分配方式，如一次性分配、按比例分配等（见图2-5）。

在费用方面，平安信托收取约1%的固定管理费；若年收益率超过4.5%，则加收50%，即1.5%的浮动管理费。这一家族信托产品彰显了平安信托在家族信托领域的创新与领先地位。

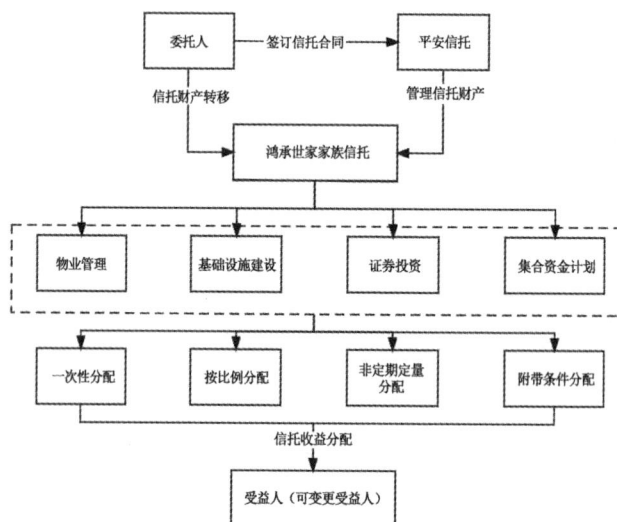

图 2-5　鸿承世家家族信托结构

如图 2-5 所示，该家族信托产品在接手信托财产后，对财产做了四种方式的保值增值安排，用于物业管理、基础设施建设、证券投资、集合资金计划方面的投资。对于投资收益和本金，信托公司以四种方式向受益人进行分配：一次性分配、按比例分配、非定期定量分配和附带条件分配。信托委托人有权选择以何种方式进行分配。

其次是私人银行主导的模式。

私人银行在提供家族信托服务方面展现了其独特优势。首先，作为传统银行的延伸，私人银行拥有庞大的高净值客户资源和广阔的分支网络，这有助于它们与客户建立长久稳固的关系。其次，私人银行的员工具有较高的综合素养和较强的专业技能，能够满足高净值客户的各种需求。私人银行业务作为金融领域的一项高端服务，旨在为广大高净值客户提供定制化和全面的金融及非金融服务。在我国，随着经济的发展和财富积累，高净值人群规模不断扩大，他们对个性化和高品质服务的需求也日益旺盛。为了满足这一市场需求，各大金融机构纷纷加大对私人银行业务的投入，致力于打造一套完善的产品和服务体系。

案例【招商银行与外贸信托合作推出的家族信托】

2013年5月，招商银行与中国对外经济贸易信托有限公司（简称外贸信托）联合推出了我国首个私人银行家族信托产品，其最低投资金额设定为5000万元。这个家族信托方案特别考虑到了一位年长委托人和其三个子女的具体情况，其主要目标是确保委托人子女的基本生活需求。家族信托设定了条件，当子女需要资金支持婚嫁、创业、医疗、大额消费或留学教育等重要事项时，可以申请使用信托资金。这样的安排能有效地满足家族成员的关键需求。其具体产品结构如图2-6所示。

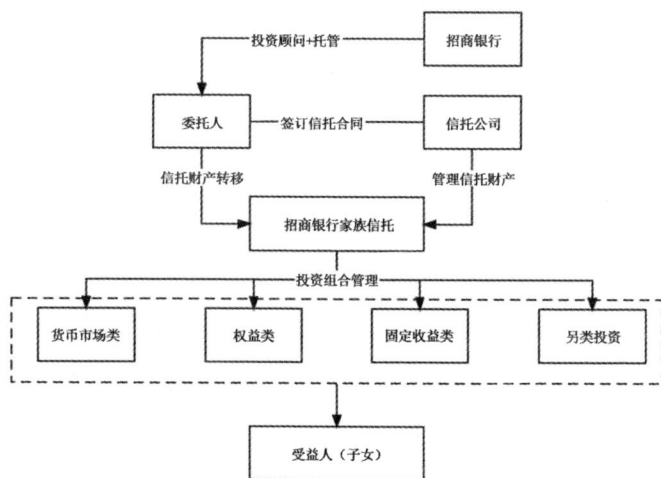

图2-6 招商银行与外贸信托联合推出的家族信托产品结构

如图 2-6 所示，该信托产品的主要功能是投资，受托人以四种投资方式组合管理财产。该家族信托的合同期限设置在 30 至 50 年之间，性质为单一且不可撤销。在投资管理方面，招商银行作为财务顾问，全面负责信托资产的管理，主要聚焦于货币市场、权益类和固定收益类资产的组合投资。而外贸信托在此过程中仅扮演执行受托人的角色，更像是一个通道机构。

在处理投资收益时，委托人可以根据自己的需求，就信托财产的投资设定特定的收益目标或者投资策略。招商银行会基于这些需求制订相应的资产配置方案，并提交至投资决策委员会审批。

至于信托费用，将根据家族信托产品的复杂程度而定，通常按照信托财产的一定比例来收取。如果信托收益超出委托人的预期目标，招商银行会从超额收益中提取 20% 作为报酬。同时，信托公司也会按照预定比例收取一定的服务费。

再次是私人银行和信托公司合作的模式。

在此合作架构下，私人银行与信托公司构建了战略性合伙关系，各方运用自身专长，进行深入的客户需求分析及产品设计，以实现优势互补。私人银行依托其丰富的高净值客户资源以确定产品需求，而信托公司则应用其在资本运作领域的深厚经验，向客户提供专业的信托资产配置服务。

案例【北京银行：与北京信托合作推出家族信托】

2013 年 9 月，北京银行的私人银行业务部门与北京国际信托有限公司（简称北京信托）共同推出了家族信托服务。该家族信托为单一性质且不可撤销。如图 2-7 所示，在此模式中，北京信托担任受托人角色，北京银行则承担信托资产的托管与财务咨询职责。信托受益人由委托人预先设定。此外，该信托规定了最低 3000 万元的受托资产门槛，以及不少于 5 年的存续期限。这一合作方式在财产门槛和信托期限上进行了相应调整，以适应特定的法律和财务需求。

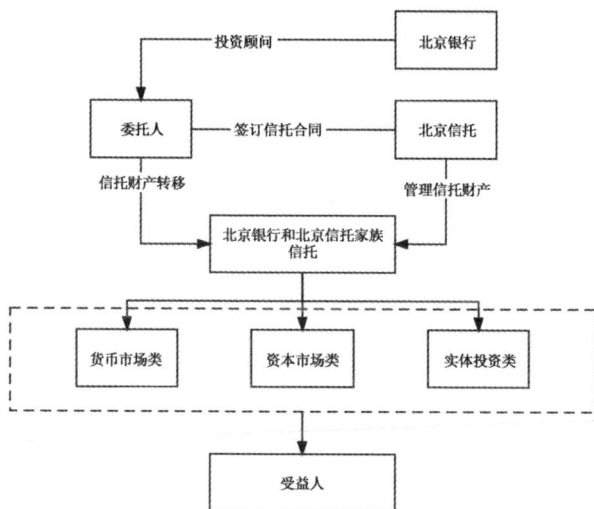

图 2-7　北京银行与北京国际信托有限公司共同推出的家族信托产品结构

如图 2-7 所示，该信托产品的门槛较低，且受托人是社会信誉较高的银行部门。此模式显著改变了彼时大众认为成立信托所需的财产门槛动辄在亿元以上的传统观念。委托人需要与北京银行和北京信托各自签订投资顾问服务协议和信托合同。在此安排下，委托人把信托资产转移到由北京银行与北京信托共同管理的家族信托产品中。

北京信托负责管理这些信托资产，其投资领域主要包括货币市场、资本市场和实体投资等。信托的收益分配方法既包括固定方式，也包括非固定方式。

最后是信托公司和保险公司合作的模式。

在信托公司与保险公司合作开展的家族信托模式中，所涉及的信托财产主要是保险金的请求权，其中保险投保人担任信托的委托人，并将信托公司设定为保险的受益人。[①]这意味着一旦发生保险事故，信托公司作为保险金的受益人，将会领取年金。同时，信托公司依照信托委托人的指示，对这些信托财产进行管理和利用，确保信托财产的收益能够按照既定的方式分配给信托的受益人。

境外家族信托现状

大陆法系和英美法系对待信托的态度不一样。大陆法系各国的法律对于信托成立的条件均较为严苛，各种要件缺一不可。相反，作为信托源头的英美法系对信托成立的条件要求较为宽松。

英美法系要求家族信托的受益人身份和受益权的内容必须是确定的。前者指的是受益人的范围或能够确定受益人范围的方法，而后者指的是受益人享有的信托利益范围或者能够确定信托利益范围的方法，包括受托人被授权后的自由裁量。此外，英美法系承认信托目的具有可分性，即法院会尽力区分合法目的和违法目的，以使得信托在法律上部分有效。英美法系还规定了"信托不因缺乏受托人而无效"的规则，并建立了宣言信托制度，该制度无须涉及财产转移，只需要委托人公开做出宣言，即可宣告信托成立。

---

① 罗婷婷.财富传承视角下家族信托模式的比较分析与应用[D].杭州：浙江大学，2018.

英国信托制度

英国作为现代信托制度的发源地，其信托规则来源于衡平法院判例，因而法院判例构成了英国信托的基本规则。近年来，英国也适应商业社会对信托制度功能化的需求，颁布了大量的成文法律来规制各类信托关系。

英国信托成文法的核心是《受托人法》和《永续和累积法》。同时，英国还颁布了不少信托领域的特别法：如 1958 年《信托变更法》赋予了英国法院为保护特定受益人而变更信托条款的权利；1987 年《信托承认法》规定了境外设立信托的有效性并允许法院认可在外国设立信托的效力；1996 年《土地信托与受托人任命法》规定了土地信托和受托人等事宜。

美国信托制度

在对比英国和美国信托制度的发展方向时，可以发现美国现代信托法的构建与法人信托密切相关。鉴于其独特的联邦体制，美国信托法律主要由各州独立制定。然而，美国国会、美国统一州法全国委员会和美国法律协会亦先后制定了一系列与信托相关的法律，供各州参考和采纳。

美国信托制度最初也起源于衡平法院判例，其成文法规则基于美国联邦体制而呈现层级下沉的特征，其信托法律的立法权大多由各州享有，不过法律协会和各州近年来也一直致力于推动美国信托成文法的统一。但总体而言，英国、美国和中国香港特区的信托法律均由成文法律和法院判例构成，并且法院判例创造了基本信托规则。

日本的信托登记制度经验

日本在引入信托制度之后，成功建立了信托财产登记制度。日本《信托法》及相关立法对信托登记机构、登记对象、基本原则以及操作流程等方面均做出了明确的规定。值得注意的是，日本在信托财产登记制度的设计上颇具匠心，采用了信托登记对抗主义模式。这意味着在信托当事人之间，即便委托人设立信托后未对信托财产进行登记，信托关系也依然能在法律层面生效，从而实现了在信托制度中兼顾当事人意思自治与交易安全的良性平衡。

中国香港信托制度

香港特区法律体系继受于英国的普通法和衡平法，目前在司法实践中也会同时参照英国和英联邦国家的判例法。香港信托监管的主要法律是《受托人条例》（Trustee Ordinance），该条例于 1934 年实施，内容大致上以英国 1925 年的《受托人法》为蓝本，其后很长时间都没有进行修订。直到 2013 年，为适应中国香港信托行业的现代化发展需求，该条例才被大幅修订。《受托人条例》较全面地规定了信托受托人的责任与义务、信托可投资的范围和司法管辖等相关事务。

香港特区信托法整体上继受于英国法，并结合本土特点生成新的判例和成文法。如《财产恒继及收益累积条例》规定了信托有效期限，而《信托承认条例》则对信托适用的法律和海牙公约的适用进行了相关规制。2013 年，为适应信托行业的发展需要，香港特区对《受托人条例》和《财产恒继及收益累积条例》进行了重大修改：废除《财产恒继及收益累积条例》中关于禁止信托永续和过度积累收入的规定，明确信托可以不受有效期的限制；在《受托人条例》中新增保留权利章节，对信托委托人可保留的信托财产投资及管理权，以及信托财产的反强制继承进行了规制。

在大陆法系中，信托制度独具特色，与英美法系有显著区别。特别是在信托登记制度方面，大陆法系秉持严谨的要求。在此体系中，信托财产登记制度被视为财产权设立和生效的关键要素。因此，大陆法系国家（地区）普遍设立了信托财产登记制度，家族信托亦须通过该制度方能成立并生效。这一制度是大陆法系对信托制度进行本土化改革的结果。经过百余年的发展，大陆法系国家（地区）已逐渐建立起完善的信托登记财产制度体系。

中国台湾的信托登记制度经验

我国台湾地区在吸收日本信托制度精髓的基础上，构建了颇为先进的信托财产登记体系。与日本所采取的对抗主义有所不同，中国台湾地区将应进行登记或注册的财产权划分为登记生效和对抗生效两类，对物权登记秉持"登记生效主义"，而对于设立信托的登记则实施"登记对抗主义"。这一制度设计在实际操作过程中展现了卓越的成效。

在英美法系中，家族信托的设立重视委托人意愿的表达，并无须委托人与受托人达成一致。因此，在受托人不同意或无法履行职责的情况下，英美法系可依据"信托不因缺乏受托人而无效"的原则，重新指派受托人，确保信托得以成立。关于信托时效，根据委托人设立方式的不同，通过遗嘱形式设立的家族信托在委托人离世时生效；而通过遗嘱以外的其他方式设立的家族信托，依据英美法系合同法的对价理论及衡平法上的无偿受让理论，只要委托人为信托设立支付了对价，或已完成信托财产转移，即可视为信托生效。

无论是在大陆法系还是英美法系中，家族信托通常是不可撤销的。在法律层面，对家族信托内容的调整通常受到约束，然而，在信托合同中，委托人具备加入变更条款的权限。此外，法院在遵循委托人意愿及信托目标的基础上，也有权对信托内容进行调整。

确定信托终止的依据是信托合同规定的到期期限或终止事件发生，几乎所有的国家（地区）都不允许设立永久存续的信托。例如，根据英美法系中的"禁止永续法则"规定，没有终止期限的信托是无效的。

境内家族信托现状

境内家族信托的发展

家族信托在中国境内的发展经历可分为三个阶段：初步探索阶段（萌芽期）、战略转型阶段（酝酿期）和市场扩展阶段（发展期）。香港和台湾作为中国经济较为发达且法律体系成熟的区域，率先引入了信托制度，也建立了较为完善的信托法律体系。这些地区的高净值群体对财富的保值增值高度重视，从而使得家族信托逐渐成为其首选的财富管理方式。与此相比，中国境内在家族信托领域的发展相对较晚，近年来才有诸如招商银行、北京信托等金融机构开始探索相关业务。

同时，中国境内在家族信托的法律规定上尚存在不足，尤其是缺乏关于信托财产登记制度和股权信托财产管理的明确规定。在税收方面，中国境内将不动产转移视为交易行为，导致转移不动产需要缴纳高额税费，这也是为何在家族信托尚未普及时，境内的高净值人士通常选择在离岸地区设立信托以实现财富传承。

在酝酿期，受房地产领域和地方政府融资平台扩张的影响，中国信托公司的传统融资型业务模式面临挑战。随着监管部门颁布严格措施，信托公司开始寻求战略转型，转向布局家族信托业务。2013年，家族信托业务正式开启。平安信托发布的"平安财富·鸿承世家系列单一万全资金信托计划"成为我国首个家族信托计划，随后其他金融机构亦纷纷开展家族信托业务。

这一时期的家族信托业务主要针对现金资产和其他金融资产，信托受托人多为银行和金融机构。2014年7月，中国成立了境内首家专注于家族信托法律事务研究与服务的机构——京都家族信托法律事务中心，这标志着行业对家族信托的关注正逐渐扩大至金融机构之外。①

进入发展期后，家族信托业务在中国境内迅速扩展。信托公司和私人银行加速推出"事务管理型"信托业务，以适应中国境内发达地区的财富管理需求。这一业务因其高效管理财产的特性迅速获得高净值客户的认可。信托公司在这一阶段不仅提供了家族信托的合规核心架构，还作为业务发展者和市场推动者发挥重要作用。大多数信托公司开展的家族信托依旧以资金信托为主，少数尝试了保险金家族信托和股权家族信托，但规模普遍较小，主要原因是我国境内信托行业缺乏成熟的业务经验。尽管中国高净值人士对信托业务的优势的认知逐渐提升，但对信托机构的全面信任还需时日。

目前，我国境内家族信托的存续期通常为30年或更长，其定制化特征更为显著，通常会根据客户的风险偏好配置投资方案，而不设定固定的年化收益率和

---

① 崔琳.家族信托案例研究——以中国银行为例[D].北京：对外经济贸易大学，2016.

投资项目。设立家族信托作为一项国际趋势值得每一个高净值家庭细致考量。鉴于我国境内尚未征收遗产税，高净值人群对设立家族信托的必要性和紧迫性认识有限，但随着遗产税征收问题在法律界的持续讨论，其开征似乎已成必然。此外，中国家族信托在信托财产转让和受托人信义义务方面仍面临发展障碍，这在一定程度上制约了家族信托的进一步发展。总体而言，我国境内家族信托产业展现出良好的发展前景，市场潜力巨大，但其长远发展仍需克服一系列挑战。从表 2-2 中我们可以看到，在监管文件中，家族信托首次被提及于 2014 年，这意味着家族信托在我国境内绝对属于新生事物。家族信托的核心功能之———资产隔离，则要到 2019 年才获得司法层面的承认。紧接着，2021 年生效的《民法典》明确说明了自然人可以设立遗嘱信托。在这接连的司法承认之后，各大信托公司的家族信托业务开始加速发展。

表 2-2　我国境内家族信托 2014—2023 年大事记

时间	政策	核心内容
2014 年 4 月	《中国银监会办公厅关于信托公司风险监管的指导意见》	家族信托首度被提及，信托业应回归本源
2016 年 12 月	中国信托登记有限责任公司（中信登）成立	全国统一的信托登记制度正式落地
2017 年 5 月	《非居民金融账户涉税信息尽职调查管理办法》	境外信托的账户信息需要申报
2018 年	《信托部关于加强规范资产管理业务过渡期内信托监管工作的通知》（简称"37 号文"）	首次对家族信托给予监管层面的定义
2019 年	最高人民法院审判委员会民事行政专业委员会通过《全国法院民商事审判工作会议纪要》（以下简称《九民纪要》）	司法层面再次认证家族信托的财产隔离功能

续表

时间	政策	核心内容
2020 年	《民法典》颁布	提出"自然人可以依法设立遗嘱信托",为高净值人群提供了一种更为多元化的选择
2021 年 1 月	《民法典》开始正式实施	各大信托公司的家族信托业务快速增长
2022 年	《关于调整信托业务分类有关事项的通知》	"三分类"改革试运行,即将信托业务划分为资产管理信托、资产服务信托、公益慈善信托三大类
2023 年	《关于规范信托公司信托业务分类的通知》	《信托业三分类新规》将资产服务信托业务调整至第一大分类

家族信托的政策走向

自 2018 年发布以来,《资管新规》已经实施了 6 年。家族信托从 2023 年开始正式得到分类新规政策的直接支持,整个行业对此抱有厚望。前文谈到,分类新规之下,信托业务分为资产服务信托、资产管理信托、公益慈善信托三大类,那么这三大类信托业务分别是做什么的?各自又有哪些业务细分品种,各自的发展态势如何?我们不妨逐一分析。

首先是资产服务信托。资产服务信托是由信托公司提供的专业服务,基于信托法律关系,旨在满足委托人的特定需求。这种服务涉及财富规划、代际传承、托管、破产隔离和风险处置等专业领域。

具体而言，信托服务可分为五大类别，包括财富管理服务信托、行政管理服务信托、资产证券化服务信托、风险处置服务信托以及新型资产服务信托。这5类服务涵盖19种不同的业务品种，旨在满足客户的个性化需求。

由于《信托三分类新规》明文要求"同一信托业务不得同时归入多个类别"，此类信托与理财属性的集合类信托产品（见下文"资产管理信托"）的区别愈加明晰。

其次是资产管理信托。资产管理信托是指信托公司依据信托法律关系，销售信托产品，并为信托产品投资者提供投资和管理金融服务的自益信托。信托计划投资者需符合相关的合格投资者标准，在信托设立时既是委托人，也是受益人。

资产管理信托属于私募资产管理业务，适用《资管新规》。分为固定收益类信托计划、商品及金融衍生品类信托计划、权益类信托计划和混合类信托计划共4个业务品种。

通俗来讲，资产管理信托是做投资的，类似大家比较熟悉的"信托理财产品"。

截至2023年第三季度末，资产管理信托的规模为16.44万亿元。此类信托呈现出三大整体趋势。[①]

第一个趋势是传统信托规模下降。

投向工商企业（余额3.78万亿元）、基础产业（余额1.52万亿元）、房地产领域（余额1.02万亿元）的规模和占比进一步下滑。

---

① 邢萌.2023年三季度末信托公司主要业务数据发布 信托资产规模增至22.64万亿元 5.75万亿元资金投向证券市场[EB/OL].（2024-01-06）[2024-05-16].http://www.zqrb.cn/jrjg/xintuo/2024-01-06/A1704469022056.html.

第二个趋势是非标转标趋势显著。

目前，投向证券市场（余额 5.75 万亿元，占比为 34.96%，增幅持续攀高）、金融机构（余额 2.24 万亿元，占比 13.6%）的规模和占比持续提升。投向证券市场和金融机构的信托资金占比合计达 48.56%。

第三个趋势是资金运用结构改善。

交易性金融资产投资为当前资金信托最主要的资金运用方式。

其中，交易性金融资产投资占比同比快速增长 45.21%，反映了信托投资功能的重要性不断提升；而发放贷款的占比则下降 7.73%，反映了传统非标融资业务被进一步压缩，这也与《信托三分类新规》中"坚决压降影子银行风险突出问题的融资类信托业务"的监管导向相一致。

《信托三分类新规》中明文要求各银保监局加强宣传引导，指导信托公司树立信托产品打破刚性兑付后的风险意识。这也与《九民纪要》第九十二条"保底或者刚兑条款无效"一致，即金融机构作为受托人，不得承诺保本保收益。就此而言，若金融机构如信托公司、商业银行等作为资产管理产品的受托人，与受益人签订的合同中包含承诺本息固定回报、保障本金不受损失等保底或刚兑条款，这些条款将被视为无效。

如果受益人请求受托人对其损失承担与其过错相适应的赔偿责任，人民法院将依法予以支持，这种司法裁判观点系中国资管行业打破刚兑的大势，也有利于整个金融体系的良性发展。

而这在客观上有利于投资者树立"收益自享、风险自担"的投资理念，避免对于高收益的盲目追逐。尤其在面对个人与家庭的养老资金筹划、家族后辈的保障与培养、家族财富的保护与传承等核心事项时，如何选择专业可靠的机构，依托科学的资产管理理念，配置合适的产品，以加固财富确定性，获得稳健的保值增值，对每一位投资者都显得至关重要。

最后是公益慈善信托。

与一般的商业信托不同，公益慈善信托的主要目的是实现公共利益，而不是获取经济回报。在这种信托中，委托人将其财产委托给信托公司，由信托公司按照委托人的意愿进行管理和处分。这种管理和处分可以是投资、捐赠或其他形式的公益慈善活动。公益慈善信托的信托财产及其收益，不得用于非公益目的。公益慈善信托按照信托目的，分为慈善信托和其他公益信托共两个业务品种。招商银行发布的《2023 中国高净值人士慈善调研报告》显示，使用慈善工具机制化行善逐渐成为高净值人士参与慈善的重要趋势。在中国现行法律框架下，慈善信托与基金会是目前最主要的两种慈善工具。根据《2023 年度中国慈善信托发展报告》，截至 2023 年 12 月 31 日，我国慈善信托累计备案数量达到 1655 单，累计备案规模达到 65.20 亿元。其中，2023 年新增备案 454 单，比 2022 年增加 62 单；新增备案规模 12.77 亿元，较 2022 年增加 1.37 亿元。[①]

同时，我们应该从以下几个重要方面来理解这一政策。

第一，家族信托作为服务信托的一个重要组成部分，需要在更加规范和统一的框架下进行研究和发展。"37 号文"虽然提出了家族信托的基本界限，但在实际操作中，不同机构对其理解和应用各不相同。因此，现在的挑战在于如何在服务信托的总体框架内，制定更加明确和具体的指导原则和操作规程，以确保家族信托的有效性和合规性。

第二，我们要考虑到家族信托的识别要求。新的法律法规将原先较为宽泛的家族信托细分为狭义的家族信托、家庭信托、保险金信托、财富管理信托等不同

---

① 胡萍.《2023 年度中国慈善信托发展报告》发布：慈善信托财产种类与模式实现新突破 [EB/OL].（2024-01-17）[2024-05-16].http://www.xtxh.net/xtxh/industry/48923.html.

子类别。相较于原有规定，这些分类发生了显著变化，因此对行业从业者提出了更高的识别要求。

例如，区分亲属、近亲属和家庭成员在法律上非常重要。亲属的范围比近亲属和家庭成员要广，包括配偶、血亲和姻亲，其中血亲包括直系血亲和拟制直系血亲，姻亲的范围也相当复杂。近亲属的定义较狭窄，仅包括直系亲属，而家庭成员的定义则更为狭窄，仅包括一起生活的近亲属。这些区分对于家庭信托产品的开发非常重要。

第三，我们需要在信托制度优势的背景下来理解家族信托。家族信托的制度价值在于其目标多元性，能够实现风险隔离，设定多个受益人，甚至可以用于慈善公益等。家族信托可能是标准化的，也可能是半标准化或完全个性化的，因此我们需要善用信托的价值，而不是滥用其灵活性，这在开展家族信托业务时非常重要。

第四，我们应在共同富裕的大背景下来理解和对待家族信托。一些超高净值客户不仅需要财富传承和增值，还有反哺社会、提升家族信誉的实际需求。因此，将家族信托与慈善信托甚至慈善基金会结合起来，对他们来说需求非常强烈。在当前的分类方式下，家庭服务信托和家族信托之间有很多不同之处，如家庭成员的定义等，因此需要深入理解亲属、近亲属、家庭成员等法律概念，以及委托人、委托目的、准入门槛、受益人等。家庭服务信托是一种普惠性质的家族信托，适合中产阶级，具有风险隔离、财务传承的功能，也可以结合遗嘱信托使用。

第五，家族信托的结构设计。这是一个非常复杂的问题。对于一个可能持续5年、10年甚至更长时间的信托，需要兼具稳定性和一定的灵活性。委托人的权利过多，受托人的权利就减少，管理责任也相应减小，这里存在负相关关系。境外信托，需要综合考虑不同跨境信托的特点、信托财产形式、家族结构与信托目的等问题。信托的稳定性受多种变量影响，这是家族信托面临的一个重大挑战。现在的一些家族信托尚未经历市场考验，更没有经历代际考验，委托人可能更倾向于信任身边的人，可能会选择一个受托人的监督人等。

第六，关于如何做好家族信托。信托公司通常会与银行联合操作。家族信托的核心在于其企业性质，家族信托需要多方面的专业能力和社会公信力的结合，需要受托人、投资服务保险机构、银行等管理机构的共同作用。同时，政府的积极推动也起到了至关重要的作用。在信托财产登记制度的建设方面，政府不断探索完善，力求实现制度的规范化与高效化。此外，政府还积极推动非交易过户的顺利进行，为信托财产的流转提供便利。在家族信托持股路径的优化方面，政府也进行了深入的探索，以期提高信托的灵活性和可持续性。同时，政府还鼓励发展股权信托、家族信托、慈善信托等多元化信托形式，并积极参与公益投资，以推动社会公益事业的发展。

监管部门对于拟在A股上市的公司中包含境外设立的家族信托的态度逐渐缓和，也反映出随着监管政策的完善，家族信托在我国的认可度开始上升。英飞拓带着境外家族信托在A股成功上市具有标志性意义。

案例【英飞拓：刘肇怀家族信托】

在几千家A股上市公司中，深圳英飞拓科技股份有限公司（简称"英飞拓"）就是那个设立海外家族信托的破局者。利用"外籍身份（美国籍）+海外SPV（special purpose vehicle，特殊目的载体）持股"的便利，在英飞拓A股上市后，大股东刘肇怀设立了数个海外家族信托，并将所持A股股份收益权装入海外信托，成功破解了"A股老板设立离岸家族信托"的千古难题。

刘肇怀担任英飞拓的总裁。作为公司的主要股东，成立家族信托主要是为了确保资产的有效传承。英飞拓的一份公告显示，刘肇怀通过其全资拥有的JHL INFINITE LLC对英飞拓的一部分股权设立了家族信托。作为英飞拓的主要股东和实际控制人，截至2015年2月6日，刘肇怀持有英飞拓70.26%的股权，其中直接持有34.76%，通过JHL INFINITE LLC间接持有35.5%，此时刘肇怀持股结构如图2-8所示。

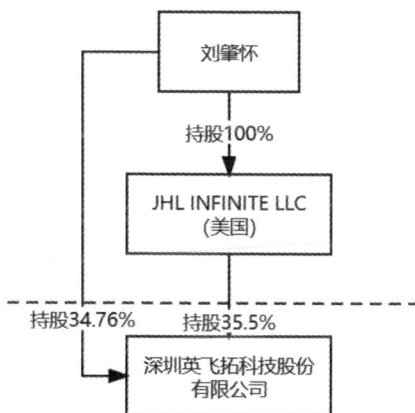

图 2-8　刘肇怀持股结构

随后刘肇怀开始了设立家族信托的过程，2015年2月6日，他第一次将自己所持有的30%的JHL INFINITE LLC股权转让到JZ LIU（#D）（以下简称"#D家族信托"）和JZ LIU（#1）（以下简称"#1家族信托"）两个信托中。以上两个信托的受托人皆为刘肇怀的女儿安娜·刘（Anna Liu），而信托受益人为刘肇怀的其他家族成员。

本次股权转让后刘肇怀家族对英飞拓的控股结构如图2-9所示。

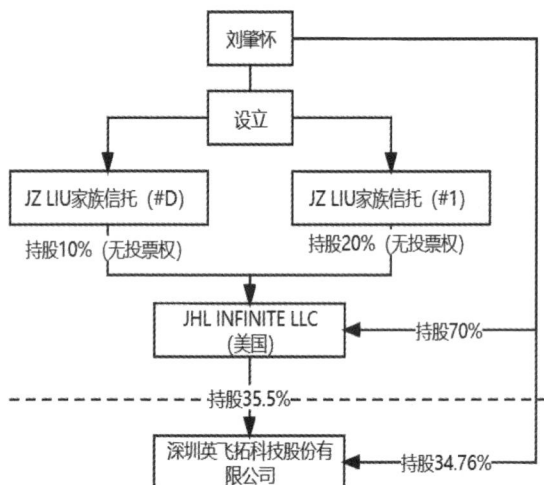

图 2-9　首次设立家族信托后刘肇怀家族对英飞拓的控股结构

由于某些未公开的因素，前述的两个家族信托设立后，在接下来的 18 个月里，刘肇怀又不断地对两个信托加以调整，对 JHL INFINITE LLC 的股权的转移变动累计达 11 次。根据 2016 年 7 月 20 日和 2016 年 9 月 24 日公告，刘肇怀设立了第三个家族信托——JZHKC LIU（#E）（以下简称"#E 家族信托"），并持有 40% 的股权。与之前不同的是，该家族信托的受托人是罗伯特·刘（Robert S. Liu），而 #D 家族信托将不再对 JHL INFINITE LLC 持有任何股权，而 #1 家族信托仍然存续并持有 JHL INFINITE LLC 14.12% 的股权。刘肇怀家族对英飞拓的控股结构如图 2-10 所示。

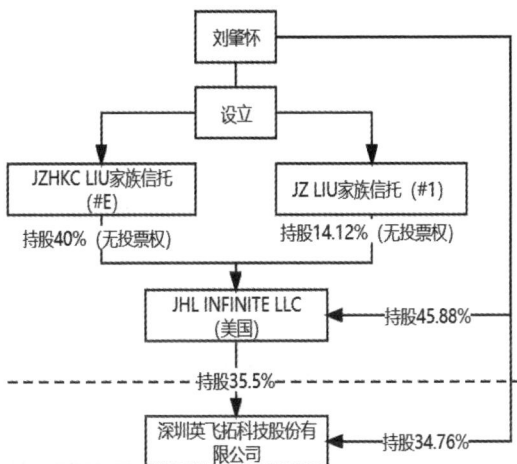

图 2-10 调整家族信托后刘肇怀家族对英飞拓的控股结构

破局者刘肇怀的海外信托，有两个非常值得注意的关键点，即刘肇怀的外籍身份，以及 JHL INFINITE LLC 的设立地。

首先刘肇怀是美籍华人，1995 年取得美国国籍。外籍身份，使得刘肇怀可以便利地通过一个 SPV 公司 JHL INFINITE LLC 持有英飞拓的股份。如此一来，不用考虑返程投资问题，不用考虑外商关联并购境内公司问题，更重要的是，这为"将境内资产装入英美法系下的海外信托"提供了现实可行性。境内公司英飞拓减持或分红，进入外资公司 JHL INFINITE LLC，再进入海外信托，法律可行，操作可行。

其次，JHL INFINITE LLC 设立地是特拉华。这里不仅是美国知名的"岸上避税天堂"，更重要的是，这里有 LLC 类型公司。LLC（limited liability company），中文直译为"有限责任公司"，但与国内有限责任公司的含义不同。

特拉华法律第六章（Delaware Code Title 6）明确规定，LLC公司的股份收益可以单独转让，并且除非章程允许，否则股东收益权的受让人无权参与管理公司业务和有关事务。JHL INFINITE LLC是个有限责任公司。如此一来，刘肇怀便可以转让JHL INFINITE LLC的股份收益权，保留公司控制权、投票权。这为"设海外信托英飞拓实际控制人不变"提供了充分的法律依据。

但是我国资本市场IPO（首次公开募股）上市规则对上市企业的股东适格性有着更为严格的标准。《首次公开发行股票并上市管理办法》及《首次公开发行股票并在创业板上市管理办法》明确要求发行人的股权必须清晰，中国证券监督管理委员会（以下简称"证监会"）实际审核中国企业IPO时，不接受委托持股、信托持股的情形，而"三类股东"的投资人结构通常较为复杂。因存在多层嵌套、存续期限等问题影响股权结构的稳定性，出资人资金数额和来源难以核查，所以，"三类股东"企业在IPO时难以满足证监会的审核要求。

境外家族信托的借鉴意义

家族信托在境外，包括中国的香港和台湾地区，已广泛推广并成功运用，带来显著的经济和社会效益，促成了多种成熟的经营模式和家族信托产品。然而，将这些经验原封不动地应用于中国境内可能并不适宜。任何引入的外来经济模式需结合中国境内的现行法律、经济和社会发展状况，并融入"中国特色"，以符合境内的实际需求和发展目标。

应对家族企业人力资本继承挑战

在中国，家族企业的出现相对于西方较晚。随着这些家族企业逐渐进入代际传承的关键阶段，如何妥善处理财富的可继承性与人力资本的不可继承性之间的矛盾，成为摆在面前的重要任务。首先，第一代企业家往往是通过敢于冒险和抓住市场机遇的方式，取得了初步的成功。这种方式虽短期有效，却不利于长期发展。第二代企业家的出现意味着家族企业管理将从非制度化转向制度化，这既是初代企业家的期望，也是家族企业发展的必然趋势。时代和企业环境的变迁，对第二代企业家的人力资本要求也发生了变化。他们可能不具备父辈的胆识和个人魅力，却需要掌握科学管理和有效沟通等技能。因此，许多具有远见的家族企业创始人选择将子女送往海外深造，并在企业内外为接班人提供实践机会，逐步赋予他们必要的权力和职责。通过这样的方法，权力和职位的交接逐渐完成。如方太集团的"带三年、帮三年、看三年"，以及红豆集团的从"相马"到"赛马"的模式，都是成功的实践。这些第二代企业家虽然没有参与企业的创业过程，但是通过"干中学"[①]积累了一定的实践经验，有效地降低了传承带来的风险。

促进新旧管理团队的角色转换

在家族企业的"子承父业"模式中，领导权的移交过程不仅涉及新老领导

---

① 干中学（learning by doing），由著名经济学家、诺贝尔经济学奖得主肯尼斯·J.阿罗（Kenneth J. Arrow）在经典论文《十中学的经济含义》（The Economic Implications of Learning by Doing, 1962）中提出。干中学是指工程技术人员、生产管理者和一线工人在生产产品、提供服务的同时，也在积累经验，从经验中获取生产技能与知识，这样有助于提高生产效率和累加知识总量，从而能够降低长期生产成本。干中学体现了知识积累的外部性。

者的交替，同时还伴随着新管理团队的构建。第一代企业家往往依赖个人魅力和领导力，在同辈中脱颖而出，同时采用家长式的管理，导致企业决策过程集中化。这种模式对新一代领导者和他们的管理团队的形成有一定影响。第一代团队成员多为企业创始人的忠实拥趸，他们的管理能力在创业过程中形成，反映出一种草根英雄主导的企业文化；而第二代继任者和他们的新管理团队通常受过更高程度的教育，包括海外留学经历等，对行业技术和管理模式有更深入的了解，但缺乏创业经验。此类背景差异导致新旧管理团队在企业文化和制度创新方面存在差异。

解决这些分歧的方法包括利用权力交接期，实现企业的二次创业。方太集团的茅理翔认为，这个过程可能需要 5 至 10 年。这段时间，父子联手，共同推动企业发展。他们采取了一系列措施，旨在优化企业管理结构，提升整体运营效率。通过逐步减少家族式管理色彩，积极引进外部优秀人才，他们成功为企业注入了新的活力。同时，为了保持企业管理的专业性和高效性，他们引导创始团队成员有序退出核心管理层，确保权力交接的平稳进行。此外，他们还建立了科学有效的人才淘汰机制，确保企业内部始终保持一支高素质、有能力的人才队伍。这些举措的实施，使得新团队在充分利用旧团队丰富经验和战略知识的基础上，能够积极培养新思维和创新理念，为企业的发展注入新的动力。

协调产权继承与经营权继承的矛盾

在家族企业的代际传承中，对产权和经营权继承的协调工作是一项挑战。如果第二代继承人既有能力又愿意接管家族企业，传承通常能顺利进行。但如果在有多个继承人或缺乏经营能力的继承人的情况下，就需巧妙处理权杖的交接事宜。在中国，家族财产的传统继承方式通常是均分制，但这对家族企业的长期发展不利，因为它破坏了企业财产的整体性。具体来说，"货币价值分配法"通过为项目或活动的各个组成部分分配货币价值，来反映它们在整体中的重要性和贡献度。这种方法通常涉及一系列步骤，包括确定评估目标、识别关键因素、分配货币价值、计算权重等。通过这些步骤，可以更加客观地评估项目或活动的各个方面，并为决策提供有力的支持。这种方法涉及评估家族企业的总资产，然后按后代人数分配财产的货币价值，以实现公平分配。继承者可以根据个人意愿选择留在企业或离开。无意经营的继承者可以选择将产权转让给其他家族成员；而有意但缺乏能力的继承者可以选择入股参与经营；最后，由既有能力又有意愿的继承者接管企业运营。这样不仅保持了家族对企业的控制，还清晰了企业内部的产权，实现了家族企业内部的两权分离。在经理人市场尚不成熟的中国，轻易委托他人经营是不现实的。国内外家族企业的一些做法，如宜家创始人的资产分割策略，正泰集团的"败家子基金"，以及中国港台地区和东南亚国家家族企业的血缘和才能双重标准继承模式，都是值得借鉴的，它们不仅延续了家族企业的生命力，还确保了家族对企业的控制。

03 家族财富传承的压舱石——保险金信托

"

跨越金融产品，
兼顾保险与信托的双重功能，
保险金信托在家族财产传承领域展现其独特的价值。

保险金信托业务起源于 19 世纪中叶的英国，后在 20 世纪初的美国得到发展，并逐渐成熟，成为一种常规的商业活动。目前，这种业务主要存在于美国、英国、日本等国家，以及中国台湾等地区。在日本，该业务被称为"生命保险信托"，而在中国台湾地区则被称为"人寿保险信托"。尽管这些国家和地区的保险金信托的命名、法律规制和操作规范各不相同，但它们的本质都是有效结合保险业务和信托业务。

保险金信托自从推出以来，便在业界引起了广泛的关注。这种金融工具不仅整合了保险的风险管理功能和信托的资产管理优势，还在财富传承方面展现了其独特的价值。然而，受相关法律、监管政策和商业盈利模式的影响，其发展速度一直比较缓慢。

近几年，全球经济环境的变化，尤其是新冠疫情和经济下行的影响，使得高净值人群在财富管理、债务风险隔离、健康养老计划以及财富传承方面的需求日益增长。这种趋势促使金融行业进行自我调整。在监管环境收紧和行业整体转型的大环境下，回归业务核心已经成为行业的共识。在这种情况下，保险金信托作为信托公司在行业转型中的一个重要业务领域，开始受到更多的关注。

2021 年以来，保险金信托迎来高速发展，服务客户数量及业务规模均大幅提升。截至 2021 年 6 月，我国已有保险金信托 2950 个，规模约 63.03 亿元。[①]2022 年 5 月，人保寿险与中诚信托联手成功签下亿元保费规模的保险金信托大单。[②] 目前已有多个规模过亿的保险金信托落地，各家机构推出的保险金信托产品也不断迭代创新。

什么是保险金信托

保险金信托的定义

保险金信托自其诞生之初，便以其独特的财富传承功能受到关注。这种产品的结构因涵盖保险和信托两类不同的法律关系而显得相对复杂。在我国，目前尚未有特定的法律法规对保险金信托进行严格的定义。以下是业内普遍接受的定义，由中信信托在 2019 年发布的《保险金信托服务标准》中给出："保险金信托是家族财富管理服务的一种，是保险投保人以财富的保护和传承为目的，以人寿保险合同的权益和资金为信托财产，一旦发生保险利益给付时，保险公司会直接将资

---

① 金融界.第五届中国保险金信托论坛发布《中国保险金信托可持续发展之道——2021 渠道深度洞察报告》[EB/OL].（2021-12-31）[2024-05-16].https://trust.jrj.com.cn/2021/12/31120834092159.shtml.

② 中诚信托有限责任公司.中诚信托与人保寿险实现保险金信托业务新突破[EB/OL].（2022-05-23）[2024-02-15].https://www.cctic.com.cn/cctnews/18506.jhtml.

金交付于信托公司，信托公司根据与委托人（保险投保人）签订的信托合同管理、运用、分配资金，实现对其意志的延续和履行。"

保险金信托的特点

根据以上定义，保险金信托的主要特征可概括如下。

第一，多方参与性。保险金信托涉及多个主体。在保险领域，包括保险公司、被保险人、投保人、保险受益人；在信托领域，包括委托人、信托受益人、受托人（信托公司）。与传统保险产品相比，保险金信托的一个基本特征是将信托作为保险的受益人。在保单约定的理赔情形发生时，保险公司将赔款直接交付给投保人设立的信托，由信托公司根据信托合同进行管理和分配。

第二，保险类型的专指性。由于信托财产确定性的严格要求，保险金信托通常主要运用于终身寿险以及高额年金保险。终身寿险提供终身的死亡保险保障，以被保险人死亡为赔付条件，具有必然性，且保额相对较高，满足保险金信托的设立要求。而年金保险是在被保险人生存时按期赔付保险金，直至死亡或合同期满，其生存年金、身故或满期保险金均可纳入保险金信托。

第三，信托财产性质的界定。如何把保险金有效地转化为信托财产是保险金信托要解决的核心问题。在保单权益的性质方面，理论和实践界存在多种观点，如保险合同权益、保险金、保险金请求权等。不同国家和地区构建了各自独特的产品模式。在我国，保险金信托的信托财产通常包含保险金、保险金请求权、保费（资金）等内容。此外，将债权、股权、不动产等资产纳入保险金信托也是行业热点。例如，2022 年 1 月，中信信托、中信银行和中信保诚人寿共同推出了首个债权资产保险金信托。

第四，业务性质的服务导向。保险金信托主要用于扩展家族财产管理工具的功能和期限，不同于传统重视资产收益的理财和资产管理产品。2020年5月，银保监会发布的《信托公司资金信托管理暂行办法（征求意见稿）》中，对服务信托业务进行了明确界定。2022年，信托行业热议的《关于调整信托业务分类有关事项的通知（征求意见稿）》中，资产服务信托被定义为信托公司根据委托人的需求，为其提供托管、风险隔离、风险处理、财富规划和代际传承等专业服务的重要业务。因此，信托从业人员应深刻理解服务信托，开发适当的产品以满足客户对多样化财产传承的需求，并避免仅将保险金信托和家族信托作为资管产品的资金来源。

案例【递延缴费：降低保险金信托设立门槛，实现财富传承】

张先生作为银行高管，年收入有近百万元。张先生一直非常看好家族信托，但家族信托动辄千万的设立门槛让他望而却步。而且一旦设立了家族信托，就意味着他将暂时丧失生活中所需的一大笔流动资金。因此张先生也一直在寻求一个设立门槛较低，又有助于财富管理和传承的工具。

保险金信托把信托和保单的优势结合起来，利用保险的杠杆原理，实现家族财富传承的合理规划。家族信托的设立门槛通常在千万元以上，而保险金信托可以利用保险的杠杆作用或以期缴的缴费方式有效降低信托门槛，在达到资产传承目的的同时减轻资金压力。

经过信托专家的推荐，张先生订立了一份具备家族信托功能的保险金信托：年缴50万元，缴费10年，获得的身故保险为1300万元。一旦风险发生，1300万元的赔付金即刻进入家族信托，按照他预先的约定进行管理。由于保险具备较高的杠杆，张先生使用较少的保费就实现了较高的保额，妥善保障了亲人的后续生活。

保险金信托作为一种创新的金融业务，自推出以来便迅速扩展，并获得市场认可。这一发展得益于高净值群体对财富传承和保值需求的增长，以及业务端的创新和转型需求。此外，保险金信托之所以能够在市场上获得认可，并作为一种有效的财富传承和保值工具有序开展，根本原因在于其独特的优势和功能。

保险金信托的优势

保险金信托的优势体现在多个方面。

与传统单一信托相比，其综合效益更显著。具体而言，保险金信托业务的核心在于它成功地结合了寿险的保障、储蓄、增值功能与信托的投资理财、合约式财务管理功能。这种结合不仅仅是效果的简单相加，而且实现了"1+1＞2"的综合效果，为普通投保人或信托委托人提供了更具吸引力的财务管理解决方案。其显著的优势在于，通过保险的杠杆作用，财富可以实现有效增长。例如，投资者仅需支付每年度数十万元的保费，便能设立数百万元级别的信托产品，这种杠杆效应对于资产规模较小的高净值人士尤其具有吸引力。

值得注意的是，尽管存在上述杠杆效应，但总体来看，我国保险业的杠杆作用并不高，特别是与美国等发达国家相比。随着中国保险行业的进一步开放，特别是从 2023 年起取消了合资保险公司经营人身保险业务的外资比例限制，预计未来人身保险的杠杆作用将得到进一步加强。

相较于单一保险，保险金信托的优势体现在以下方面。

第一，规避巨额保单带来的道德风险。

在实际生活中，巨额保单有时会导致道德风险，例如 2018 年发生的中泰两国 3300 万元杀妻骗保案。

案例【巨额保单下的道德风险：2018 年发生的中泰两国 3300 万元杀妻骗保案】

2018 年 10 月 27 日，天津的张某凡带着妻子和 20 个月大的女儿，一起去泰国普吉岛度假。2018 年 10 月 29 日，张某凡在泰国普吉岛的一家别墅酒店杀害妻子后，伪造现场，制造妻子溺水死亡的假象。尸检报告显示，其妻子的死并非意外，其死前遭受严重的暴力伤害，身上有多处外伤，肋骨被打断，肝脏破裂。此前，张某凡已陆续为妻子购买多份保险，保险金额超千万元，受益人是他自己。如果妻子意外身亡的情况属实，张某凡可拿到高达 3000 多万元的保险赔偿。通过公安的侦查以及法院的审理，2019 年 12 月 24 日，泰国普吉府检察院将张某凡移送审查起诉，根据泰国刑法第 289 条 4 款、5 款，以蓄意谋杀、残忍伤害他人致死的罪名提起了公诉。此案的审理历时 5 个多月，先后开庭 3 轮共计庭审 9 次，最后普吉府法院当庭宣判张某凡获无期徒刑。而这个令人毛骨悚然的案例后来被改编成了电影《消失的她》。

对于人寿保险，尤其是大额人寿保险来说，其固有的道德风险在法律层面上无法完全避免，只能通过多种措施降低道德风险发生的可能性。而采用保险金加信托的模式，即使保单赔付金额巨大，保险机构在赔付后，理赔款项作为信托财产直接由信托受托人控制，按照信托合同约定进行分配，有效避免了受益人即时获取巨额财产的可能。此外，由于信托合同的保密性，即在保险事故发生前，投保人不需要向受益人披露信托收益条款，从而进一步降低了道德风险。

第二，实现财富的精细化管理，主要体现在以下方面。

（1）扩展受益人范围

保险和信托方式在财富传承中对受益人的定义有所不同。保险受益人可以是自然人、组织，甚至活体胎儿，而保险金信托的受益人则更为广泛，包括自然人、组织、胎儿以及其他未出生的后代。由于信托的存续期限灵活，实际享受信托利益的对象不限于已出生的人员，还可通过合同条款为未来可能出生的后代提供物质支持。

（2）受益模式的灵活性

在财富传承方面，保险方式下的受益人在保险事件发生后一次性获得全部理赔款，而通过保险金信托方式，则可根据委托人需求灵活设置财富传承模式。为防止后代挥霍，信托可以在特定时间节点和条件下向受益人分配收益；为隔离债务风险，可以设定在受益人背负巨额债务时，除满足其基本生活需求外不再分配信托利益；为防止资产因婚变而缩水，信托合同可明确利益为个人赠与，属于受益人个人财产。

相较于家族信托，保险金信托的优势体现在两个方面。

首先，保险金信托的目标群体更广泛。相比家族信托主要面向超高净值群体，保险金信托的投资门槛仅为数百万元，且可利用保险的杠杆作用，降低年度投资额。在保险事故发生后，这些保费会全部纳入信托，有效放大保险和信托的优势，使其目标客户群不仅限于高净值群体，而是扩展至社会中高等收入群体。

其次，以保险金为信托财产的设立过程更为简化。家族信托的信托资产来源多样，包括现金、不动产、动产、股权等，需要进行详细的合法性审查。而保险金信托由保险端对客户身份进行认证，理赔前确认了保单条件，简化了信托设立的合法性审查过程，从而大大减轻了信托机构的操作负担。

境外保险金信托分析

英美法系国家保险金信托

美国的信托业虽然源自英国，但在立法、产品多样性、行业成熟度等多个方面均显著超越了英国。[1]19 世纪初，美国的保险公司面临一个关键问题：如何在支付完保险金后继续为保险金的继承人和受益人处理后续事务。为解决这一问题，保险公司开始建立如"纽约农业保险及放款公司"等子公司。随着这些公司业务的蓬勃发展，它们逐渐从传统业务转向信托产品的开发。美国信托市场开放的标志性事件是"纽约农业保险及放款公司"更名为"纽约农业放款信托公司"。[2]在美国，信托公司设立的初衷是解决保险金相关问题。由于保险金信托业务的重要避税功能，美国的保险金信托业务非常发达，形成了完备的法律规制体系、监管体系和从业人员的约束规则体系。

美国保险金信托根据投保人对保单权利的保留程度分为可撤销保险金信托和不可撤销保险金信托。[3]可撤销保险金信托允许投保人保留部分或全部权利，如更改受益人或解除保单。相反，不可撤销保险金信托要求投保人放弃对保单的所有控制权，包括解除、变更、转让和抵押等权利。可撤销保险金信托的保险金被视为投保人遗产的一部分，可能需缴纳高额遗产税，而不可撤销保险金信托则能有效规避税务风险，因此在美国较为流行。除此之外，根据保费支付方式的不

---

[1]　陶鹏文.我国信托业转型发展研究 [D].北京：首都经济贸易大学，2015.

[2]　曹严礼，和秀星.美国信托业的发展及其对我国的启示 [J].内蒙古财经学院学报，2001（4）：43-47.

[3]　李秋安.保险金信托法律问题研究 [D].重庆：西南政法大学，2018.

同，可区分为附基金保险金信托与不附基金保险金信托。前者由信托机构预先支付保费，后者则由投保人直接支付。

在英美法系中，信托财产的双重所有权同样得到认可并受保护。这意味着，一方面保护受赠人基于赠与行为获得的所有权，另一方面，根据衡平法原则，保护受益人作为真正的所有权人的合法权益。这一制度为美国保险金信托带来的好处包括免去转移所有权的交易和节省变更成本。在被保险人死亡之后，信托受托人负有请求保险公司支付相应保险金的责任与义务。如果受托人与保险公司就赔付问题产生争议，受托人可提起诉讼。但如果诉讼费用无法从保险金中补偿，受托人可选择放弃索赔权。此时，受益人基于双重所有权，可以自行提起诉讼。

除了英国和美国，其他沿用英美普通法的法域同样值得我们关注，比如我国的香港地区。

我国香港地区的保险产业高度发达，保险金信托产品也非常丰富。香港信托业和保险业注意到了许多人寿保险顾客的一个痛点：传统保险产品对于身故的赔偿方式往往比较单一。如果购买保险时指定了受益人，那身故金就会直接赔付给指定受益人。受益人在处理保险金方面可能面临种种挑战，例如年龄较小、身心障碍、过度挥霍，或由于继承人或监护人之间的利益冲突导致合法权益受损。

如果后代不具备驾驭财富的能力，那么突然获得大量财富可能会给其带来意想不到的问题，甚至会演变成一场灾难。

目前，香港大部分保单都有身故赔偿支付选项，可定制个性化的财富传承分配方案，以最大限度地遵循委托人的意愿，保单持有人可以在身故前向保险公司要求安排该功能（不收取任何费用），在被保险人身故后，保险理赔金不会一次性向保单受益人发放，而是会按照保单持有人的生前意愿进行分期、分额发放，有效避免了受益人挥霍理赔款的问题。

这个功能类似于信托的约定功能，财产"什么时候给、怎么给、给多少"，都可以提前设置好，用于牵制受益人对财产的使用权，有效避免后代把财产挥霍完。正因为香港保险的这种类似于信托的功能，这类保险也被称为"小信托"。当然"小信托"也非万能，例如各保险公司赔偿支付方式各不相同，且"小信托"仅提供月、季、半年、每年、10 年、20 年等选项，无法像家族信托一样可任意设计领取时间、触发条件和金额，而对所领取款项的用途，也实现不了像信托一样的严格限制。

总之，无论是信托还是像香港保险那样的类信托功能，都能为家庭的资产保值增值、风险隔离、传承规划等方面提供支持。在实际选择中，除了综合考虑各功能外，还需根据家庭的实际情况和需求来进行对比。对于大多数中产及普通家庭而言，香港保险因其较低的资金门槛、便捷的投保流程更加适合作为家庭财务规划的首选。

大陆法系国家保险金信托

明治维新事件是日本历史上一个非常重要的转折点，这一事件的发生标志着日本从封建制国家向现代化国家的成功转变。在这个变革的浪潮中，保险业作为一项新兴产业被引入日本。19 世纪末，随着日本经济的现代化和国际化，保险公司开始陆续成立，生命保险（人寿保险）也在这一时期诞生。到了 20 世纪初，日本兴业银行于 1902 年首次涉足信托业务领域。而后在 1923 年随着《信托业法》的颁布，日本信托业务有了法律上明确的法律框架和支持。三井公司随即推出了《信托业法》颁布后的第一款生命保险金信托产品，这标志着日本信托业务的正式起步。

随着 1929 年美国经济大萧条的影响扩散到全球，日本的经济也遭受了严重的打击。在这个经济困难的时期，日本的保险业和信托业开始寻求新的业务机会，以此来缓解经济萧条带来的影响。虽然日本的保险金信托业务在起步阶段受到了英美模式的影响，但在后续的发展过程中，日本逐渐形成了具有自己特色的保险金信托业务模式。

日本保险金信托业务的一个显著特点是其多样化的受托人模式。主要分为两类：一是保险机构兼任型，即保险公司既作为保险人，又兼任信托的委托人角色。在这种模式下，当保险事故发生后，相关的保险金直接进入保险公司设立的专门账户，保险公司根据约定的方式运营资金、分配信托利益。二是信托机构受托型，即信托业务由专门的信托机构承担，这也是实际运营中较为普遍的模式。值得注意的是，即便在日本，保险公司可以同时承担保险人和信托的受托人职责，但保险和信托业务在操作上保持独立，以确保各自业务的专业性和高效性。[①]

在保费支付方式上，日本的保险金信托业务同样呈现出多样性。根据支付方式的不同，可以分为附财源生命保险信托与无财源生命保险信托。前者类同于美国的附基金保险金信托，即投保人预先将保费支付至信托机构，由后者代为支付每期保费。后者则类似于美国的不附基金保险金信托，即投保人依据合同的约定亲身支付每期的保费。在业务模式上，日本保险金信托同样可以分为信保结合型产品和信托主导型产品。与美国市场的主要区别就在于，日本保险金信托的委托人是将保险金债权而非保单所有权转让于受托人。

---

① 唐嘉伟.境外保险信托业务的模式 [J].银行家，2015(11)：123-125.

中国台湾地区保险金信托

21世纪初，中国台湾地区经历了一系列地震和空难等重大意外事件，导致许多未成年子女失去父母，面临未来生活的不确定性。在这些悲剧中，虽然保险公司履行了赔付义务，但经常出现保险金难以有效、精准地用于遇难者未成年子女的情况。[1]同时，也有一些继承人获得大笔保险金后，因缺乏理财知识或自控力，而将财产迅速挥霍一空。为了解决这些问题，台湾金融主管部门在2001年批准了万通银行推出的保险金信托产品，此后，多家金融机构纷纷投入这一新兴领域，开展保险金信托业务。

在台湾地区，根据信托财产标的分类，保险金信托主要分为两种类型：人寿保险金信托和人寿保险债权信托。人寿保险金信托作为主流模式，其运作方式与英美、日本等地区的模式有所不同。在中国台湾地区的人寿保险金信托中，保险机构与信托机构（通常是银行）之间的联系较为疏远。在此模式下，信托机构获得信托财产的途径不是直接由保险机构支付，而是需要受益人在获得保险赔付后，将保险金转交给信托机构。这一过程通常涉及多个步骤：首先，投保人在签订人寿保险合同时需要放弃未来变更受益人的权利；接着，保险合同的受益人作为信托的委托人签订自益信托合同，将未来获得的保险金作为信托财产；最后，一旦保险事故发生且受益人获得理赔款，他们就将保险金交给信托机构进行管理。然而，这种模式的一个明显缺点是，信托委托人（即保单受益人）可能出于个人原因主动终止信托，导致保险金不能完全按照投保人的初衷发挥作用。

人寿保险债权信托与人寿保险金信托的主要区别在于：首先，投保人同时是

---

[1] 卓俊雄.保险金信托制度与保险信托[J].月旦法学教室，2016(168)：22-26.

信托的委托人；其次，信托财产是保险金债权。这种模式更能反映出投保人的意志，但由于台湾地区的税收制度，它并没有成为主流。根据台湾的"遗产及赠与税法"，自益信托不需承担高额税费，而他益信托则需缴纳较高税费。因此，台湾的主流模式倾向于自益信托，而非他益信托。在保险金信托模式下，委托人既是保单受益人，也是信托的受益方，属于自益信托；而在保险金债权信托模式下，由于信托委托方和受益方不同，它被归类为他益信托，需要面临较高的遗产或赠与税。

尽管台湾的保险金信托业务发展已近20年，且业务覆盖了终身寿险、年金险、健康险等多种险种，并在社会上获得一定的认知，但其运营状况并不理想。由于保险金转入信托并成为信托财产的成本较高，许多人不愿采用此种方式。截至2018年底，台湾地区的保险金信托规模仅有5.57亿新台币（约合1.29亿元人民币），显示出其在市场上的受欢迎程度有限。[①]

境内保险金信托分析

保险金信托的法律规定和发展历程

保险金信托产品依据保单种类、目的、设立时间点、保险费来源、投保人是否享有变更权等分类标准可分为若干不同类型，但在我国境内这一产品目前主要

---

① 任自力，季小弋，赖国钦，等.圆桌|业界难题：保险金信托因何叫好不叫座[J].家族企业，2019（6）：89.

表现在保险费来源的不同。保险金信托业务根据保险费来源不同可以分为信保结合型产品及信托主导型产品①，信保结合型产品是指信托法律关系和保险法律关系这两种独立法律关系相结合的产品，信托主导型产品是指先形成信托法律关系，通过信托法律关系衍生出保险法律关系的产品。

信保结合型产品的主要形态表现为保险金信托的客户兼具保单投保人和信托委托人两种身份，保险合同和信托合同在同一时间签订并明确信托机构为保单受益人。保险事故发生或者保险金给付条件成立后信托机构行使保险金请求权，保险机构按照保险合同约定将保险金支付给信托机构，信托机构受领保险金后保险金即作为信托财产进入信托，之后由信托机构依约管理信托财产并支付信托收益。另外，也存在先订立人寿保险合同再订立信托合同的情形，此时只需要通过保险公司将保单受益人变更为信托机构即可。

信托主导型产品的主要形态表现为委托人先订立信托合同，支付设立费和初始信托资金设立信托。信托成立后信托机构以设立的信托资产为限，为委托人及其相关权益人购买指定保险产品并缴纳首期保费、续期保费，由信托机构作为相关保单的唯一受益人，享受并承担该保单相关投保人和保险受益人的一切权利和义务。

由前述介绍可知，信托委托人在信保结合型产品和信托主导型产品中的参与度不同，信保结合型产品中信托委托人的参与度更高、主动权更大，享受保险合同的全部权利和义务，其中缴纳保费义务又会直接决定保险金信托最终能否成功

---

① 信保结合型产品及信托主导型产品的命名主要依据了中信信托"传家宝"手机客户端业务模式介绍中对 1.0 模式（保险＋信托）、2.0 模式（信托＋保险）的描述。中信信托在我国最早开展保险金信托业务，业务模式也最为成熟，故以中信信托的模式作为介绍我国保险金信托业务的重要参考。

设立。

根据保险产品种类不同，又可以将保险金信托产品分为身故保险金信托、生存保险金信托。[①]身故保险中的终身人寿保险是保险金信托主要的保险种类。终身人寿保险为被保险人提供终身保障，因终身人寿保险费率较高且投保人死亡是未来必然发生的事件，所以相当受保险金信托产品欢迎。生存保险也被称为储蓄型保险，是指以被保险人的生存为给付保险金条件的人寿保险产品，即保险公司只有在保险期间届满被保险人仍然生存的情况下才给付保险金的人寿保险产品。[②]生存保险金设立时通常是为了一定的目的，如投保人为自身投保用于日后养老或用于未来子女的婚嫁、教育等，当然也包括作为保险金信托产品的信托资金。

在过去的近 10 年间，中国境内的保险金信托业务经历了持续的发展与完善过程，不断探索和深化业务模式。在这段时间内，无论是参与机构数量还是业务规模和模式，都经历了进一步提升和发展。截至 2023 年 6 月 1 日，《关于规范信托公司信托业务分类的通知》（以下简称《通知》）的正式实施进一步推动了信托行业的发展，包括保险金信托在内的新业务步伐也随之加快。

2013 年，中信信托首次开发适合中国国情的保险金信托产品，并于 2014 年 5 月成功落地，为保险金信托领域的创新和发展作出了关键贡献。到了 2023 年，中信信托在保险金信托领域迎来了两个新进展。首先，通过与中信咨询联合发布的《中国保险金信托可持续发展之道——2021 渠道深度洞察报告》，中信信托发现一线业务人员专业学习途径空缺，为填补这一缺口，于 2023 年 6 月推出了自主研发的保险金信托规划师相关知识，旨在强化合作机构相关人员对保险金信托

---

① 白云，陈希.保险金信托：保险＋信托"双剑合璧"[J].金融博览（财富），2018（2）：44-47.
② 叶龙杰.健康险管理改革指向"减负担"[EB/OL].（2017-11-17）[2024-05-15].http://www.china-chca.org/article-0-201711-1157.html.

的正确理解，提升对高净值客户的经营与服务水准。其次，在 2019 年全国首单保险金信托"全生命周期管理服务"落地后，中信信托与 20 余家保险公司合作开展关于以信托作为人身保险合同受益人进行身故理赔事宜的全流程梳理工作。在 2023 年，中信信托成功处理多笔身故理赔事项，通过之前的梳理，尽快完成了身故理赔金的到账。

另外，上海信托也积极参与保险金信托领域。上海信托助力上海农商行成功落地首单保险金信托，其规模达 5000 万元。此外，上海信托在保险金信托方面取得了新的进展，展现了业务快速增长的趋势。在业务增长方面，主要呈现三个趋势：一是业务规模迅速提升，保险金信托成为信托公司发展财富管理和资产管理业务的重要抓手；二是参与主体不断丰富，吸引了越来越多的信托公司、商业银行和保险公司等专业机构参与其中，行业规模实现快速扩容；三是业务模式百花齐放，保险金信托在满足财富管理需求的同时，延伸出医养账户、养老服务、慈善公益等多样化功能服务，丰富了业务场景，实现了客户的生命周期服务。

从外部环境、合作机构以及客户接受度的角度看，保险金信托业务在监管层面得到了认可，《通知》明确指出保险金信托属于资产服务信托中的财富管理服务信托，并为其定义了明确的业务功能和发展方向。市场上，数据显示 2023 年 1 至 4 月，保险金信托新增规模达 400 亿元，涉及 39 家信托公司和 9000 余个保险产品。[①]这表明越来越多的信托公司响应监管号召，回归信托本源业务，并吸引了更多的保险公司和银行加入，使保险金信托业务更加丰富多样。据了解，客户开始主动询问这项业务，加上新增规模的增长，说明客户对该业务的接受度逐步提升。

---

① 胡萍.十年培育 保险金信托迎来新发展 [EB/OL].（2023-07-03）[2024-05-15].https://finance.eastmoney.com/a/202307032767730535.html.

在实际落地的保险金信托项目中，客户需求主要集中在财富传承、风险隔离、养老规划、医疗服务和慈善公益等方面。对于保险金信托的客户结构，根据信托公司的解释，保险金信托和家族信托在法律层面都属于资产服务信托中的财富管理服务信托，具有一定相似性。然而，由于初始信托财产类型和业务准入门槛的不同，两者适用于不同的客户群体。虽然两者在功能上都能更好地服务高净值客户，但由于业务差异，它们针对的是不同的适用人群，并在保障家庭财富方面发挥不同的作用。

在客户设立保险金信托时，专家建议客户首先选择一家可信赖的信托公司。虽然法律层面上信托公司提供的服务无差别，但在实际运营中公司之间的管理方式存在差异，因此选择一家经营稳健、专业性强且拥有良好信托文化的信托公司至关重要。其次，客户要有明确的信托目的，以便在信托架构设计上更有针对性地安排。例如，明确的信托目的有助于在信托合同中进行更有效的财产分配和传承规划。

保险金信托 1.0

保险金信托 1.0 是指投保人购买保险后与信托公司签署信托合同，并将保单受益人变更为信托公司，由信托公司按照信托合同约定对未来产生的保险金进行管理与运用，具体结构如图 3-1 所示。不过在此模式下，保险合同的投保人依然是信托合同的委托人，当委托人发生债务风险时，如保险给付条件尚未达成，保险合同的现金价值仍然有可能被采取强制执行措施。[1]

---

[1] 李博. 家族信托模式研究 [D]. 开封：河南大学，2016.

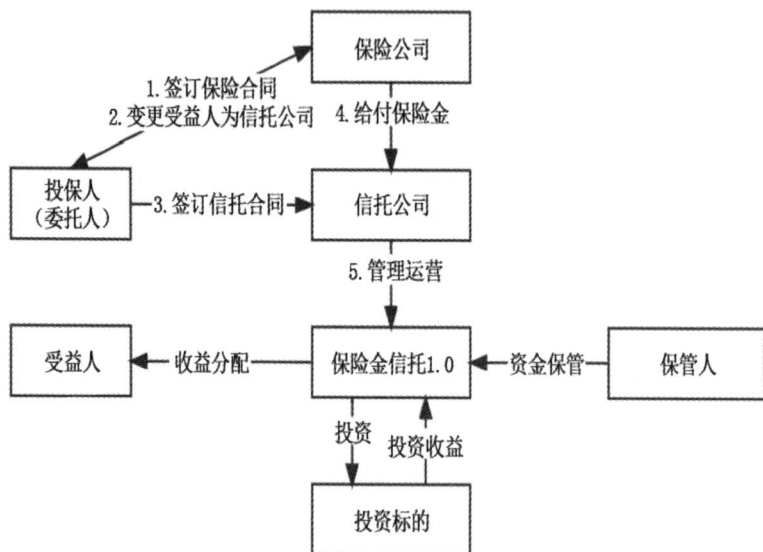

图 3-1　保险金信托 1.0 的结构

　　保险金信托 1.0 的优点主要表现在以下几个方面：首先，操作简便，能够有效地降低运营成本；其次，融合保险与信托两大金融工具，既发挥保险的保障作用，又充分利用信托的财富管理功能，实现财富的灵活配置；再次，在受益人变更为信托公司后，保险金请求权归属于信托公司，避免受益人一次性获得大笔财产，降低道德风险，更好地保障被保险人的生命安全；最后，不仅适用于新保单，还可将符合条件的存量保单纳入，实现资产规划配置。

　　然而，保险金信托 1.0 也存在一些不足之处：首先，无法保障投保人后续保费的缴纳。若委托人在投保后经营发生危机，无力支付大额保单保费，根据《中华人民共和国保险法》（以下简称《保险法》）第三十六、三十七条，保险公司催费后一个月内未支付保险费，或违约两个月后仍未支付费用，将暂停保险服务。若投保人在保单中止的两年内未向保险公司补交保费或达成协议，保险公司有权解除合同，导致保险金信托被迫终止，传承筹划目的无法实现。其次，根据《保险法》第四十一条，投保人在保单生效后可以变更保单受益人，只需保险公司同意，而无须受益人信托公司同意，这将影响信托财产的确定性，从而影响信托效力。最后，在 1.0 模式下，信托账户在保险事故发生前无资金，仅在当事人真正出现意外后，信托账户才有理赔资金，这意味着对于信托公司而言，保险金信托为长期服务项目，且前期几乎没有收益，不利于公司运营。

由此可见，随着业务发展和市场需求的变化，保险金信托 1.0 模式逐渐暴露出局限性。为了解决这些问题并适应新的市场环境，保险金信托 2.0 模式应运而生。

保险金信托 2.0

保险金信托 2.0 是指投保人购买保险后与信托公司签署信托合同，通过信托合同约定信托收益的分配后，将投保人与受益人都变更为信托公司，由信托公司以信托财产继续履行后续支付保费的义务，具体结构如图 3-2 所示。此种保险金信托模式更好地实现了资产的隔离，相比保险金信托 1.0 可以增强对抗债务风险的能力。

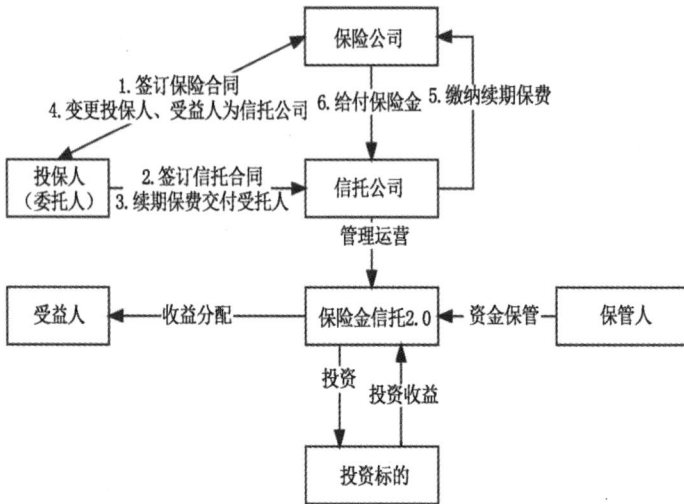

图 3-2 保险金信托 2.0 的结构

案例【中航信托：首单保险金信托】

2019 年 6 月，一则感人至深的故事被媒体广泛报道。这是一笔信美相互首单保险金信托业务，由信美相互与中航信托携手合作，故事的主角是年仅 8 岁的小诺。8 岁的小诺遭遇父母离异、母亲离世，其母亲的校友们发起了一场募捐，以帮助小诺今后的生活学习。

在这个保险金信托中，一位充满爱心的捐赠者为小诺捐赠了一笔善款，并为其投保了信美相互的教育金保险。这位爱心人士的举动让小诺的未来变得更加光明。与此同时，中航信托既是投保人，又是保险受益人，这一巧妙的设计实现了保单与委托人（原投保人）债务风险的隔离，为小诺的未来保驾护航。

2021 年 8 月，中信信托再次携手中信银行和中信保诚人寿，合作完成了一单总保费高达 1.2 亿元的信托投保保险金信托。这次的信托财产更为丰富，由"保单＋现金"组成，为投保人提供了更全面的财富保值和传承方案。这是一次金融领域的创新合作，体现了信托和金融机构对社会的深切关怀。

保险金信托 2.0 模式在 1.0 模式的基础上取得了显著进展，主要如下：

第一，巧妙地将保费缴纳义务转移至信托机构，有效避免了因后续保费缴纳问题所引发的信托终止风险，为信托财产的持续稳定增值创造了有利条件。

第二，通过将投保人身份变更为信托公司，成功消除了投保人擅自变更受益人的可能性，既保证了信托财产的明确性，又维护了保险金信托的法律效力。

第三，信托账户在初始阶段即开始吸引资产流入，激发了信托公司开展业务的积极性，为信托业务的可持续发展奠定了坚实基础。

此外，从官方和法律的角度看，保险金信托 2.0 模式的重要优势体现在：由于信托公司成为保单的合法投保人，该保单的所有权归属于信托公司，因此可明确界定该保单不属于客户的责任财产。这一安排在法律层面上有效阻断了未来债权人对保单的追偿路径，实现了债务风险的隔离，为客户提供了更高的法律保护。

然而，我们也必须正视保险金信托 2.0 模式存在的不足之处：首先，购买保险的首笔资金并未实现有效的隔离，存在被追索的风险；其次，信托公司通常要求委托人将续期保费同步投入信托账户，这在一定程度上削弱了保险金信托 1.0 模式下分期缴纳保费的灵活性及其杠杆优势。

总体而言，保险金信托 2.0 模式在解决 1.0 模式的问题上具有显著成效，但仍需正视其存在的不足之处并采取相应措施加以改进和完善。

保险金信托 3.0

保险金信托 3.0 首先由委托人与信托公司签署信托合同，将信托财产委托给信托公司，由信托公司利用信托财产购买保险，订立保险合同，由此保险合同的投保人、受益人即为信托公司，具体结构如图 3-3 所示。相关资金进入信托之后就和高净值人士的自有资金进行了隔离，信托公司以信托财产支付后续保费。得益于信托财产的独立性，该模式能够较好实现委托人债务风险隔离，但门槛相对较高，较前两种模式需支付更多资金给信托公司，在一定程度上放弃了人寿保险分期交付的优势。在信托合同中约定将信托财产用于支付人寿保险的保费，受益人对委托人或共同受益人无重大侵权行为且信托合同未约定受益人变更的情况下，委托人变更或解除该信托须经受益人同意，这在一定程度上降低了委托人对信托资金的管理能力。此外，3.0 模式中信托公司在投保、保单持有及理赔三个维度为客户提供了一揽子服务，需要与保险公司签署合作协议，在投保、保全变更以及理赔等环节做好衔接，难度较大，实务落地项目较少。尽管信托公司和保险公司已就保险金信托 3.0 展开合作，但这种合作尚未普及，因此当前市场上 3.0 版本的保险金信托产品并不常见。

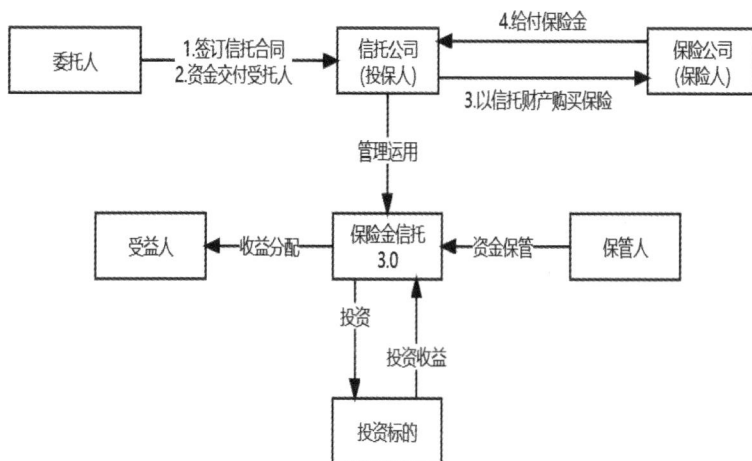

图 3-3　保险金信托 3.0 的结构

鉴于保险金信托作为一种新型金融理财产品的相关法律规定尚不完善，高净值人士在进行保险金信托安排时，尤其需要注意在信托合同中进行有关保险及继承的约定，包括但不限于信托合同委托人身故后委托人法律地位的继承，保险受益权、继承权丧失的有关规定等，将法律法规中与保险关系及继承关系有关的法律规制延展到信托关系当中，在财富传承的同时有效保障保险金信托各当事人的合法权益。

保险金信托设立的法律依据

保险金信托兼采保险和信托两种制度，设立依据主要为《保险法》及其司法解释和《信托法》。从法律层面看，设立保险金信托需要解决的核心问题是保险合同和信托合同两种法律关系的衔接，主要体现在以下几个方面：

第一，保险金信托的信托财产。《信托法》第七条规定信托财产可以是财产权利，在保险金信托法律关系中，由于信托成立之时保险金尚未给付至信托专户，因此信托财产并非保险金而是保险金请求权。根据《保险法》规定，被保险人是享有保险金请求权的人，而保险金信托本质上是投保人意志的延续，投保人是信托合同的委托人，因此为避免这种矛盾，实操中通常要求投保人和被保险人为同一人。另外，也可拓展信托财产的范围，将未来保单现金价值、可能退还的保费及分红收益等属于投保人的权利纳入信托财产。

第二，信托财产的确定性。根据《信托法》规定，设立信托必须有确定的信托财产。根据信托业务相关法律规定，委托人一般同时承担保险投保人和被保险人的角色，并以保险合同项下的保险金请求权为信托财产设立信托。这一过程不仅具备明确的保险合同权利基础，更具有充足的法律依据。而且，保险金信托设立后会要求投保人和被保险人放弃变更保险受益人的权利并确保保险合同有效，使得交付至信托的保险金请求权是不可撤销的、确定的财产权利。

第三，信托财产的合法性。《信托法》规定，信托财产必须是委托人合法所有的财产。实务中通常由委托人作为保险合同的投保人和被保险人，委托人以其作为被保险人享有的保险金请求权设立信托，信托财产具有合法性。如考虑将保单的现金价值、退还的保费等财产权益作为信托财产，根据《保险法》规定及司法裁判经验，保险事故发生前保单的财产利益是基于投保人缴纳的保费所形成的积存及收益，属于投保人依法享有的财产权益，符合信托财产的合法性要求。

第四，信托目的的合法性。保险金信托通过将保险和信托相结合，利用保险杠杆效应传承资产，实现委托人资产保全与传承等多方面需求，具有合法的信托目的。

第五，信托公司作为保险受益人的适格性。在《保险法》及其相关司法解释中，对于受益人的范围和资格并未做出明确的限制性规定。根据相关法律规定，受益人经被保险人指定或经投保人取得被保险人同意后指定产生。因此，从法律角度来看，受托人在成为保险受益人的过程中并不存在明确的法律限制。实务中各保险公司通常要求受益人为投保人的近亲属（如配偶、父母、子女等），信托公司不符合保险公司受益人条件，但提供保险金信托服务的保险公司会基于现行法律调整传统的风控理念，解决该冲突。

第六，信托公司作为保险投保人的适格性。在实施保险金信托 2.0 模式的过程中，我们必须严格遵守《保险法》的规定，确保所有操作符合法律要求。根据《保险法》的规定，人身保险合同的订立要求投保人对被保险人具有保险利益，否则保险合同将被视为无效。同时最高人民法院《关于适用〈中华人民共和国保险法〉若干问题的解释（三）》[以下简称《保险司法解释（三）》]规定，只要在保险合同最初订立时，投保人对被保险人具有保险利益，之后变更投保人的过程将不会影响保险合同的法律效力。因此，保险金信托设立后，投保人与保险公司协商一致将信托公司变更为投保人，保险合同仍有效。

设立保险金信托的最大经济好处是避税。虽然中国大陆尚未开征遗产税，但中国台湾地区一些富商早早设立保险金信托、合法规避巨额遗产税的实践能为我们提供启示：未雨绸缪总是正确的选择，尽管现在遗产税尚未落地，但等到遗产税全面开征再做准备可能就晚了。下文中知名台商的案例值得我们借鉴。

案例【蔡万霖：千亿遗产通过人寿保险合法规避遗产税】

台湾金融保险理财帝国——霖园集团（原国泰人寿集团）的创始人蔡万霖先生于 2004 年去世，享年 81 岁。他在身后留下了约 46 亿美元的庞大遗产，约合 1564 亿元新台币。按照当时我国台湾地区的"遗产税法"，1 亿元新台币以上必须缴纳 50%"遗产税"，蔡先生应该缴纳 780 多亿元新台币的"遗产税"，而事实是，由于以寿险、信托业务起家的蔡万霖对于避税之道很有心得，曾经一次性购买数十亿新台币的巨额寿险保单，将其庞大的资产通过人寿保险的方式安全合法地转移给了下一代。蔡先生生前结合保险、家族信托、离岸架构等多种工具对其财产做了很好的税收筹划，最后结果是台湾税务主管部门入账 5 亿元新台币。

而与之形成鲜明对比的是另一位台湾地区富商王永庆先生。2008 年 10 月 15 日王永庆因心脏衰竭而过世，享年 92 岁，留下了约 595.84 亿元新台币的资产。由于事发突然，又或者是出于其他个人原因，老先生长逝时并未留下遗嘱。王永庆留下的巨额遗产一方面导致其庞大家族对遗产的争夺，另一方面台湾税务主管部门核定其继承人须缴"遗产税"119 亿元新台币，也创下台湾"遗产税"纪录，引发了社会各界再一次对遗产税的热议。

如果遗产中存在不少不动产，提前用保险金信托做税务筹划就显得更为重要，因为继承人可能需要通过变卖不动产来支付现金遗产税。

案例【知名台商王先生：7760 万元新台币遗产秒变 21226 万元新台币的秘密】

王先生是一个在大陆发展和投资制造业非常成功的台商。近年来，年事已高的王先生开始谋划遗产继承事宜。王先生的遗产净额为 12620 万元新台币，对应税率 50%，速算扣除数 1450.7 万元新台币，应纳"遗产税"为：12620×50%−1450.7=4859.3 万元新台币，总遗产净值变为：12620−4859.3=7760.7 万元新台币。

若王先生提前规划，购买指数型万能人寿（IUL）保险，每年交保费 300 万元新台币，连续交 10 年，即累计交 3000 万元新台币，保额为 15000 万元新台币。则遗产净额变为：12620−3000=9620 万元新台币，相应的适用税率为

41%，速算扣除数550.7万元新台币，则遗产税为9620×41%−550.7=3393.5万元新台币，总遗产净值变为：9620−3393.5+15000=21226.5万元新台币。

提前规划遗产后，相当于用3000万元新台币保费，减少了4859.3−3393.5=1465.8万元新台币的"遗产税"；获得了15000万元新台币的保额，且这部分保额作为受益人的财产，不用交"遗产税"；受益人一般为继承人，继承人可以从15000万元新台币的保额中，抽取3393.5万元新台币来支付"遗产税"。继承人不用担心为支付巨额"遗产税"而变卖不动产，或者抵押不动产来贷款等。

以上两个案例都是台商通过保险金信托规避或者降低遗产税税负的实践。接下来的案例将告诉我们，保险金信托还能起到隔离企业债务、规避争产纠纷、防止子女挥霍财产等多方面的作用。

案例【多方面财富规划：保险金信托能做到什么】

李先生现年52岁，早年经营加工企业积累了一笔财富，现在企业效益逐年下滑，经营难有起色。在房产政策宽松之时，李先生将大部分资金投资了不动产。李先生有两段婚姻，与前妻育有两女，都已成年；与现任妻子育有一子，仅8岁。三个子女均未成家。李先生的父母健在，依赖其照顾。

鉴于李先生的家庭和资产情况，李先生有多方面的财富规划需求：

第一，将企业债务与家庭资产相隔离，防止企业经营不善影响正常的家庭生活；

第二，希望按照自己的意愿向子女分配财富，避免子女发生争产纠纷；

第三，为子女提供充足的生活、教育、职业支持，防范子女挥霍财产，激励子女奋发图强；

第四，为子女提供婚嫁资金支持，同时防止婚变导致家庭资产外流；

第五，父母、自己和现任妻子的晚年生活有所保障；

第六，降低日后若施行房产税对自己的影响，尽可能实现财富增值。

李先生非常看好家族信托，但家族信托动辄上千万元的设立门槛让他望而却步。

在该案例中，李先生的主要诉求包括资产保全、财富增值保值以及定向管理和传承。李先生作为企业家，其基本情况和财富规划需求具有一定的典型性。首先需要在家庭与企业之间构筑"防火墙"，实现家企分离，防范企业经营产生的连带债务风险影响家庭成员的正常生活。其次，李先生属于再婚多子女家庭，通过量身定制的财富传承方案能避免争产闹剧。再次，设计方案时需关注不同家庭成员的现实需求：对于子女而言，重点是对其实施管教与激励，在不同人生节点提供资金支持，保障他们生活无忧，又要避免挥霍无度，同时防范婚姻风险；对于父母、李先生和配偶而言，主要是提供晚年生活和医疗保障。另外，由于李先生的资产配置以不动产为主，还要考虑日后政策变更可能带来的不利影响，同时现阶段流动资金较少，规划时要尽可能减轻资金压力。在这种复杂需要之下，保险金信托凭借其融合保险和信托双重优势的特点，成为李先生的优选。

李先生进行家庭资产重组，选择将一部分增值空间较小的房产变现获取可支配资金，该部分资金主要用于购买保险和设立信托。

李先生作为委托人，设立保险金信托。首先李先生将变现后的部分资金用于购买终身寿险，自己作为投保人、被保险人。然后李先生与信托公司签订信托合同，以另一部分资金和身故保险金请求权为信托财产设立保险金信托。李先生本人、父母、配偶、子女作为信托受益人，设置固定分配和附条件分配的方案，包含基本生活费、医疗补助、教育基金、创业基金、婚嫁及生育资金、大额消费补助、紧急备用金等多项支持。信托终止时设置不同的受益权比例向受益人进行信托财产分配。

保险金信托设立后，信托公司对交付的现金进行投资管理并缴纳保费，按照信托方案向受益人分配信托利益，于李先生身故后一次性领取身故保险金，再次进行管理运用。

本案例中，李先生设立的保险金信托能基本满足其诉求。信托财产的独立性能保障交付至信托的资金和保单，摆脱李先生个人及企业相关的债务风险。保险金信托特有的保险杠杆作用和期缴保费方式，可有效降低信托设立门槛和资金占用成本。信托各受益人之间有明确的分配方案和受益权比例，且可安排让受益人仅知晓自己的分配方案，以有效避免子女争产。相比保险金直接赔付给子女可能带来的挥霍、婚姻财产混同风险，保险金交付至信托，由专业的资产管理机构进行投资运用，一定程度上能实现资产增值保值；按时间、事件、特殊情况等向受益人灵活分配，可以防止受益人挥霍；可约定子女享有的信托受益权属于其个人财产，避免婚变分割风险。

境内保险金信托发展阶段

目前，中国境内的保险金信托主要分为 1.0、2.0 和 3.0 版本，其中 1.0 和 2.0 版本已有操作实例，而 3.0 版本则涉及更多专业领域的介入，如理财顾问、税务规划师以及家族办公室团队。在 1.0 和 2.0 版本的实践中，保险公司通常与信托公司合作，为那些保费和保额达到一定标准的客户设立保险金信托。不同保险公司设立信托的门槛各有不同，并根据实际情况进行灵活调整。

举例来说，同方人寿与中信信托合作，为寿险保额达到 300 万元以上的客户设立 1.0 或 2.0 版本的保险金信托，设立费用通常为 3 万元。对于那些保额达到

800 万元且年缴保费在 20 万元以上的客户，同方人寿将负担信托设立费用。在特定活动期间，信托的门槛和费用有时会略有降低。

而平安人寿与平安信托合作，为寿险保额大于 100 万元或者储蓄类产品保费大于 100 万元的客户设立信托，设立费用与中信信托相近，通常在 3 万元左右。同样地，根据客户资质和活动节点，设立费用可能下降或减免。

在 3.0 版本的实践中，除了保险公司和信托公司的参与，还涉及专业理财顾问、税务规划师以及家族办公室团队的介入。通过家族信托，3.0 版本实现了对保险、基金、股权等多元资产的灵活控制和组合配置。然而，3.0 版本的信托门槛通常较高，例如信美相互人寿对接中航信托的门槛为总保费达到 1000 万元。随着 3.0 版本模式的不断发展，预计门槛将会浮动降低。

境外保险金信托的借鉴意义

在处理涉及保险和信托的业务操作时，我们必须严格遵守相关法律法规，并充分考虑保险和信托的特性。由于保险金信托是一种交叉业务，它同时涉及两个法律体系，因此存在双重法律风险。我们必须清楚地认识到，虽然保险金信托的核心是信托，但其运作过程中仍然受到保险法律风险的制约。因此，在制定和执行相关业务策略时，我们必须全面评估和平衡这两个领域的法律风险，以确保业务的合规性和稳定性。

保险金信托的保险法律问题

在保险业务中，法律问题贯穿于整个合同履行过程，尤其在事故发生前，主要涉及合同执行中的风险及保单现金价值的处理。这些法律风险一旦触发，可能对保险金信托合同的成立产生影响。同时，在保险合同成立后，如投保人与被保险人身份不符，还需防范受益人指定与变更时可能产生的法律争议。为确保业务合规性，应采取一系列风险应对措施，以维护各方权益。

保险金信托的设立是通过保险合同，而保险合同本身具有不确定性和来自被保险人自身的风险。

先来看保险合同的不确定性带来的四种风险。

第一是保单设立时，合同的有效性风险。

《保险法》第三十一条规定，合同签订时投保人与被保险人之间没有保险利益的合同将无效化。第三十四条规定，将死亡作为赔偿条件的合同需要被保险人同意其合同才保持有效。当保险金信托的保险合同中投保人与被保险人不是同一人时，合同是否有效将存在风险。尤其是当被保险人是未成年人时，我国《保险司法解释（三）》第六条规定，投保人只能是其父母或其他对该未成年人享有保险利益且履行监护职责的人，而信托公司不符合该规定要求。

第二是保险合同存续期间，投保人可能会面临任意终止权的风险。

《保险法》第十五条规定，除特殊情况外，当保险的合同正式施行后，投保人有权撤销合同，但是保险人没有权利撤销合同。若保险合同终止，则保险金信托将失去其核心功能，并可能面临无法继续运作的困境。尽管合同中包含关于撤销合同的条款，但在实际操作中，信托公司难以实施有效的监控和预警措施。因此，这些条款在实质上是没有实际执行力的。

第三是保险合同存续期间，投保人可能面临未及时缴纳保费及保单质押的风险。

在保险金信托业务中，保费的缴纳是一个持续的过程，其长期性特点显著。若在此期间，投保人出于某些原因未能按时缴纳保费，将可能触发保险合同的失效机制。另外，当投保人选择将保单作为贷款抵押物时，一旦发生贷款违约，且保单价值无法完全覆盖债务，这也将导致保险合同失效。

第四是保险合同存续期间，保险公司可能面临终止保险合同的风险。

在面对投保人逆向选择和道德风险的问题时，保险人具有明确的法律权利和行业规范依据来终止相关的保险合同。此类行为涉及故意违反如实告知和保证的义务，特别是在重要信息的申报上不诚实。由此产生的后果是，与保险合同密切相关的信托合同也将随之无效，并依法终止。这一措施的目的是维护保险市场的公平性，并确保各方权益不受损害。

再来看被保险人可能导致的风险。

我国《保险法》第三十九条和第四十一条规定，投保人和被保险人在特定情况下享有变更受益人的权利。在高赔偿条件的合同中，受益人的权益受到投保人的保护，因此被保险人在这种情况下拥有更大的权利。当投保人和被保险人不是同一人时，可能会存在一些风险。

一方面，由于信托和保险的发起人均为委托人（即投保人），信托合同通常遵循委托人（投保人）的意愿来订立相关条款。然而，在保险合同中，被保险人在修改受益人时无须通知受益人。这可能导致当被保险人与投保人意志不一致时，被保险人单方面修改受益人，从而引发信托合同落空的风险。

另一方面，根据相关规定，要想变更受益人必须得到被保险人的同意。在投保人与被保险人不是同一人的情况下，可能会出现被保险人拒不配合的情况，导致受益人无法被更改。此外，对于以死亡为条件支付赔偿金的保险，被保险人还拥有单方面解约的权利。

因此，在涉及投保人和被保险人不是同一人的情况下，应充分考虑可能存在的风险和问题，并确保各方明确自己的权利和义务。如有必要，应寻求专业法律咨询，以确保合同的合法性和有效性。

保险金信托的信托法律问题

保险金信托的信托法律问题主要包括：信托财产的不确定性、信托机构投保人身份的争议，以及信托委托人可能存在的风险。

第一是信托财产的不确定性。

在英美法系国家中，存在一项名为"不可撤销信托"的制度，此制度旨在增强财产关系的稳定性。然而，在中国，由于缺乏相应的制度建设，实践中可能会出现投保人出于各种原因临时撤销信托的情况，这将直接影响到信托财产的确定性。

根据《信托法》的规定，确定的信托财产是信托成立的必要条件。在保险金信托的运作中，涉及的信托财产主要包括保险金请求权、保险金以及投保人向信托公司的预付保费。保险金作为保险事故发生后保险受益人应得的理赔资金，以及投保人向信托公司预付的保费，均具有明确的确定性，属于确定的资产。然而，关于保险金请求权是否可以被定义为确定的财产，目前仍存在较大的争议。

在理论界和实务界，对于此问题主要存在两种观点：一是认为保险金信托中的保险金请求权与信托财产确定性的要求并不冲突。在保险事故发生后行使的保险金请求权，具有积极的法律价值，符合法律规定的转让要求，并且将产生明确的财产权。另一种观点则认为，保险金请求权与信托财产确定性的原则相违背。根据相关法律规定，信托财产的确定性来源于信托设立的时刻，而非信托生效后。在实际赔付过程中，从申请到理赔，保险公司有一套严格的审查流程，每一步都可能对金额产生影响。因此，保险金请求权不符合《信托法》关于确定信托财产的相关规定。

第二是信托机构投保人身份的争议。

在保险金信托 2.0 和 3.0 模式中，信托机构以两种方式承担了投保人的角色。一是利用信托账户中的资金按期缴纳保费，二是直接作为保单的投保人，从而避免了因投保人保费缴纳问题导致的信托失效。这一举措更好地实现了资产隔离和风险隔离，对委托人具有重要意义。

然而，关于信托机构是否能作为投保人，以及其保险合同的有效性存在争议。《保险法》规定，签订寿险合同时，投保人与被保险人之间应当具备利益关系。这一规定的目的是防范道德风险，保障被保险人的生命安全。由于信托机构与被保险人之间通常不存在保险利益关系，因此其保险合同可能被视为无效合同。因此，在涉及保险金信托的情况下，各方应谨慎处理相关法律问题，确保合同的有效性和合法性。

第三是信托委托人可能存在的风险。

在我国的保险金信托业务中，常见的是父母为未成年子女的成长进行规划而设立信托。在这一结构中，孩子担任保险和信托的受益人角色，而父母则作为保险的投保人和信托的委托人。按照法律规定，受益人即子女对保险金拥有支配权和所有权，这是他们的合法权益。然而，父母在投保时如果以子女的财产为信托财产，这可能触犯信托法的相关规定，即委托人必须以自己的财产为信托财产。一旦违反这一规定，可能导致整个合同无效，进而引发一系列法律问题。

为了避免可能的法律风险，父母应将自己设定为保险的受益人。这样的做法符合法律规定，确保了信托财产的合法性。然而，这样的操作使得该保险只能作为生存保险，而无法实现资产继承的目的。这无疑限制了保险金信托的全面功能和优势。

第四是信托机构作为保险受益人身份的争议。

在处理保险金信托业务时，我们需要格外注意其中涉及的法律与道德问题。通常，将自然人（如子女）指定为保险受益人，再更改为信托公司，这确实为信托受益人提供了便利。然而，这种做法存在明显的法律漏洞，可能对被保险人的生命安全构成威胁。因为一旦原始受益者从合同中退出，作为信托受益人的子女可能会无所顾忌地伤害被保险人。由于子女不再是保险合同的受益者，他们将不受法律约束。同时，他们仍能作为信托受益人享受合同利益，这无疑是对被保险人生命安全的极大威胁。此类规定若不加以修正，将可能引发严重的社会问题。

完善保险金信托相关法律法规

保险金信托业务的长期稳定发展，亟须一套健全的法律框架以保障其正常运营。尽管西方国家在此领域已制定出详尽的法律法规，但我国现行的《保险法》和《信托法》并未对保险金信托业务做出明确规定。因此，为规范保险金信托业务，提升其法律地位，并弥补相关法律空白，我们应尽快建立和完善相关法律法规。

在未来完善立法的过程中，规范当事人的权利和义务是首要着眼点。

在保险金信托业务中，主要参与方包括保险投保人、保险公司、信托公司和信托受益人。为确保业务顺利进行，明确并规范各方的权利、义务至关重要。通过制定清晰、严谨的权利、义务框架，可以有效预防和解决因权利、义务不明确而引发的纠纷，确保各方权益得到充分保障。

首先是保险投保人（信托委托人）的权利、义务。

在保险金信托业务中，投保人作为关键的当事人，拥有以下不容忽视的权利。

第一，自主决策权。投保人有权独立自主地选择保险公司、保险产品以及保险金领取方式。同时，在选择信托公司和信托方式方面，投保人也拥有充分的自主选择权。这样的权利配置有助于实现其个性化的需求和保障其利益。

第二，受益人变更权。鉴于保险金信托服务的长期性及复杂性，投保人有权根据家族事务规划的需要，适时变更受益人的身份。此项权利的行使有助于维护其家族资产继承的权益，并确保信托服务的持续性和稳定性。

第三，保险金请求权转让权。为确保保险金信托合同的稳定性和财产的独立性，法律应明确规定允许投保人在保险事故发生前，将其享有的保险金请求权转让给信托公司。通过行使这一权利，投保人能够有效地保障自身及信托公司的合法权益。

同时，投保人在享受权利的同时，也需承担相应的责任。例如，在签订保险合同时，投保人有义务向保险公司提供合同中规定的必要信息。此举旨在避免因信息不全或误导而引发保险合同的瑕疵或无效问题。

其次是保险人（保险公司）的权利、义务。

根据《保险法》的规定，保险公司作为保险合同的主体，承担着相应的权利和义务。除此之外，保险公司与信托公司之间还存在着一定的权责关系。首先，保险公司有义务向信托公司支付保险金，并在事故发生后按照事先约定的方式将理赔金支付至信托账户。在这一过程中，保险公司和信托公司应保持及时的信息沟通，以确保投保人无须在两家公司之间提供重复的信息。在办理保险服务时，投保人只需向保险公司提供完整的信息，保险公司负责将相关信息及时共享给信托公司。如果发生投保人变更受益人或解除合同的情况，保险公司应及时将相关信息告知信托公司。此外，保险公司还有责任监督信托公司的经营状况。作为同为金融机构的保险公司，对信托公司应有较为全面的了解，并能提供更全面的信息给受益人。一旦发现信托公司出现经营恶化的情况，保险公司应及时将相关情况通知受益人。

再次是信托受托人（信托公司）的权利、义务。

信托公司作为受托人，在信托合同中有着特定的权利和义务，这些内容在《信托法》中均有明确规定，此处不再赘述。此外，信托公司还需承担针对保险公司和受益人的相关义务。

一方面，信托公司有义务在合同签订和履行的过程中，积极协助保险公司，为其提供专业意见和建议，以确保合同的顺利执行，并最大限度地保护保险公司的利益。

另一方面，在保险金转入信托账户后，信托公司须严格按照合同约定，对财产进行管理。若因市场风险需变更管理方式，信托公司应及时与受益人进行正式沟通，并在获得受益人同意后，对经营方式进行合规变更。这一过程突出了信托公司的专业性和应变能力，旨在确保受益人的利益得到充分保障。

最后是信托受益人的权利、义务。

第一，应赋予信托公司取得保险金的权限。在信托保险服务中，受益人通常是信托公司，因此在事故发生后，保险受益人能够行使权利并获得保险金。为实现此目的，信托受益人需与信托公司展开一系列业务操作，确保流程顺畅进行。

第二，事故发生后，受益人应享有知情权。当保险公司支付的赔偿金进入信托账户后，受益人需对信托的运营和管理有充分了解，以确保自身权益不受损害，并保障信托财产得到合理管理及运用。

第三，若保险公司与信托公司未按合同规定使用和管理信托财产，受益人有权要求其改正或向法院提起诉讼。然而，保险金信托合同不宜赋予受益人合同解除权，否则可能改变投保人初衷，无法实现家族财富规划目标，甚至引发新的道德风险。

04

家族荣誉墙上的圣杯——股权／股票家族信托

" 股权家族信托：
解决股权代持问题，
保障股权结构的长期稳定，
帮助高净值客户实现税务筹划。

　　民营企业家们在投身时代浪潮、艰苦创业的进程中，创造了较大规模的企业财富和个人家庭财富。其中，有较大的比例体现为"企业股权"。有调研显示，2020 年中国"高净值家庭"的构成中，60% 是企业主，企业资产占其所有资产的 59%，而在"超高净值家庭"中，企业主的比例高达 75%，企业资产占其所有资产的 68%。对于高净值/超高净值家庭而言，企业股权既是家族的核心资产，也是家族财富的主要形态。目前，越来越多民营企业进入"交接班"的关键阶段，如何在依法保护民营企业产权和企业家权益的大背景下实现企业股权资产的有序传承，已成为亟待解决的问题。

　　民营企业家对于营商环境、市场经济法律法规的变化最具洞察力和前瞻性。作为市场中直接承担风险和责任的主体，很大一部分企业家通过主动咨询专业机构，已经意识到运用信托工具进行财富规划和传承的重要性。

　　近年来，股权家族信托业务落地单数及规模迅速增长。

　　自 2018 年"37 号文"发布以来，家族信托便进入高速成长期。根据中信登发布的数据，截至 2023 年第一季度末，家族信托的存续规模约为 4976 亿元，存续家族信托个数约为 2.6 万个，信托财产涵盖资金、股权等多种类型。[①]其中，以股权为信托财产的家族信托近年来有所突破，部分信托公司已成功开展实践探索。

各信托公司对外公开信息、上市公司定期报告及临时报告等公开渠道披露显示，截至 2024 年，我国股权家族信托的全国总量不足百亿元。根据中国信托业协会发布的《中国信托业发展报告（2023–2024）》，我国股权家族信托的存量总规模不足百亿元，相比资产管理规模 4357.22 亿元的家族信托市场总量，其占比仅为 0.34%。但是不得不承认的事实是目前有越来越多的家族纷纷采用股权家族信托进行家族财富传承。[②]

什么是股权家族信托

我国的《信托法》认为信托是指委托人依据对受托人的信任，将财产权"委托"给受托人，受托人以自己的名义基于特定的目的管理、处分信托财产，从而为受益人谋求利益的行为。

股权信托的定义

股权信托，顾名思义，就是以股权为信托财产的信托类型。企业家以所持股

[①] 观点网.国内家族信托存续规模近 5000 亿元 存续个数约为 2.6 万个 [EB/OL]. （2023-12-06）[2024-05-15].https://www.guandian.cn/article/20231206/368101.html.

[②] 蔡越坤，刘鹏.民营企业家"传承潮"来临 股权家族信托应用空间几何 [EB/OL].（2023-06-09）[2024-05-15].https://baijiahao.baidu.com/s?id=1768196303887643508&wfr=spider&for=pc.

权为信托财产设立的信托，当然属于股权家族信托。[①]问题是，如果信托设立时企业家交付的不是股权而是资金，只是要求受托人之后投资公司股权，这是否属于股权信托呢？

更进一步说，股权信托的定义是否要求信托存续期间，股权必须是唯一的信托财产？如果家族客户将其全部资产整体设立混合信托，信托财产中既有家族企业股权、上市公司股票，又有现金、土地、房产等其他非股权资产，是否属于股权信托？另外，股权信托设立后，在经营管理过程中，信托财产的形态也会不可避免地发生变化，如部分股权被公司回购转化为现金，现金又转化为房产或其他资产，这是否影响该信托的"股权信托"身份？

对于第一个问题，我们认为，以持有股权为目的的资金信托可以归入股权信托的范畴。也就是说，股权信托的设立方式有两种：一是以股权为初始信托资产设立信托；二是以资金为初始信托资产设立信托，受托人之后购入公司股权。

对于第二个问题，我们认为，信托财产的形态转化是信托存续期间的常态，只要存续期间主要的信托财产仍然是股权，或者以持续持有股权为主要的信托目的，信托财产在形态上的变化就不影响股权信托的定性。股权信托概念并不要求受托人在信托设立之后，必须无间断地持有特定股权。

股权家族信托的定义

我们可以把股权家族信托的概念归纳为委托人基于财产管理、保护和传承的目的，并根据特别信赖关系，将自己持有的股权转移给受托人，由受托人以自

---

① 成鑫.有限责任公司股权信托法律问题研究[D].上海：华东政法大学，2012.

己的名义为了家族整体的利益管理和处分股权的行为。[①]也可以简单概括为信托财产为股权的家族信托。就字面意思上来看，其主要涉及下述内涵：首先，此种信托方式的受益人通常为家族内部人员；其次，涉及的信托财产为公司股权，包括上市公司和非上市公司。它是以家庭财富的管理、保护和传承为目的的一种信托，是家庭财富传承的一种有效方式，是高净值人群选择管理家庭资产的一种模式。[②]例如，在接下来的案例中，纳斯达克上市公司、知名房屋买卖和租赁平台"贝壳网"创始人左晖就将其对贝壳网持有的股权全部装入了股权家族信托中。

案例【左晖：公司股权家族信托典型案例】

贝壳于 2020 年 8 月 13 日在纳斯达克上市，证券代码为 BEKE。创始人左晖于贝壳上市之前搭建了家族信托，受益人为左晖和其直系亲属。根据招股书，上市前后，左晖持有公司 40.5% 的股份（包含 A 类股 547，348，915，B 类股 885，301，280），对应 81.7% 的投票权。其中，左晖家族信托控制的直接大股东为英属维尔京群岛公司（简称 BVI 有限公司）Propitious Global Holdings，该公司由另一家 BVI 有限公司 Grain Bud Holding 全资拥有，后者进而由左晖的家族信托控制。根据 2023 年年报，Grain Bud Holding 由 Z&Z Trust（即左晖的家族信托）全资持有，该信托的受托人是专业 BVI 信托公司 Cantrust（Far East）。此外，信托控制的 Propitious Global Holdings 已经就其持有的全部股份所对应的投票权做出了一项不可撤销的投票权委托，委托 Baihui Partners L.P 行使其投票权。Baihui Partners L.P 于开曼群岛成立，现由两位合伙人组成，分别为公司董事长、首席执行官彭永东先生和公司执行董事单一刚先生，这两个人都与左晖合作了很长时间。上述信托架构如图 4-1 所示。

---

① 孙萍.公司股权设立家族信托的法律研究 [D].上海：华东政法大学，2018.
② 孙晋，钟敏.论表决权信托在产融结合领域的实现 [J].经济法论丛,2013(24)：290-315.

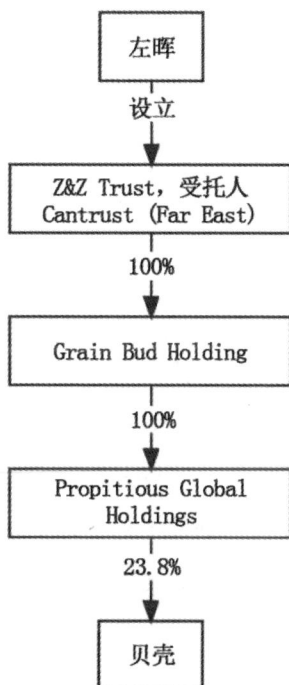

图 4-1　左晖家族信托结构

左晖的家族信托架构较为典型，其中值得注意的是信托控制的直接大股东的投票权已被委托到了一家离岸有限合伙公司。这使得左晖家族信托既能保留收益，又能将控制权放到创始人真正信任的人手上，这在一定程度上也能制约信托受托人的权限，间接加强信托设立人对信托财产的掌控力，从而保障家族财富安全。

然而，在实操中，许多公司创始人疏于考虑家族传承事宜，在生前未对自身名下的公司股权进行合理的传承安排。简单地在遗嘱中对股权进行分配远远无法满足家族传承的需求，这一点在下文镛记酒家案例中得以体现。

案例【"烧鹅名肆"镛记争产记：镛记酒家企业控制权争夺始终】

甘穗辉是香港著名食肆镛记酒家的创办人，以其招牌烧鹅闻名于世。甘穗辉长子甘健成和次子甘琨礼较早参与家族事业。2004年，甘穗辉逝世。根据其遗嘱，长子甘健成和次子甘琨礼各持有35%企业股份，妻子甘麦少珍和三子、女儿各持有10%股份。

甘穗辉逝世后，由于长子和次子教育背景迥异，家族企业治理问题开始浮现，两兄弟为此争执不断。为加强在镛记的势力，兄弟二人都邀请自己的子女加入公司，而第三代的介入，使问题更加复杂。

2007年甘家三子去世后，家族内部的股权又经过一番变更。至2010年，次子甘琨礼持有公司55%股份，拥有了对镛记的控制权。长子甘健成申请将家族公司镛记控股清盘，或由法庭要求兄弟中一人向另一人买断其股份。至此，双方开始了漫漫的诉讼长途。2015年11月，香港终审法院最终做出清盘判决。

甘穗辉生前对于后代传承的考虑还欠周全，但仅仅考虑到了所有权的继承，却忽视了家族股权和控制权的有序传承，确实让人惋惜。

正因如此，股权/股票家族信托这类顶层架构的设计成为越来越多企业家的选择。在海外，股权家族信托几乎是上市公司半数实控人的选择，这跟海外资本市场及信托的成熟发展具有密不可分的关系，更重要的是，许多真实案例（例如下文龙湖吴亚军的案例）已经证明搭建股权/股票家族信托能够切实保障股权的集中和稳定，且能应对包括婚变在内的多种风险对公司股权结构的影响。

案例【吴亚军：龙湖股权家族信托化解婚变风波】

中国房地产企业龙湖地产创立之初，是一家典型的家族企业。2022年10

月，龙湖地产完成掌舵人接班。接班人并非创始人吴亚军的女儿或其他家庭成员，而是毕业后就加入龙湖地产，在企业中一步一步成长起来的80后职业经理人陈序平。

吴亚军、蔡奎夫妇的龙湖股权家族信托是在2008年海外上市之前搭建的。

吴亚军和蔡奎分别设立了各自的家族信托，两个家族信托都以汇丰国际为受托人，汇丰国际再为两个家族信托分别全资持有两层BVI公司。其中，吴亚军设立的家族信托所控制的股东中，直接持有龙湖上市主体股份的公司为BVI公司Charm Talent，而蔡奎信托所对应的直接股东为Junson Development。

汇丰国际信托的分支机构几乎遍布世界，尤其是泽西、开曼、BVI离岸金融中心。吴亚军将Charm Talent所持有的所有嘉逊发展的股份全部转让给汇丰国际信托在BVI注册的全资子公司Silver Sea。而蔡奎也将Precious Full所持有的全部嘉逊发展股份转让给汇丰国际信托在BVI注册的全资子公司Silverland。这两次转让以零代价的馈赠方式进行。信托成立之后，吴亚军和蔡奎都不再直接控制龙湖集团的股权。

吴亚军和蔡奎于2012年离婚，由于夫妇二人分别设立了信托且二人对龙湖的股权均分别装入信托中，所以离婚不涉及任何关于龙湖的股权分割。二人的信托至今仍保持着刚上市时的架构。根据2023年龙湖集团的半年报，现在吴、蔡的家族信托结构如图4-2所示。

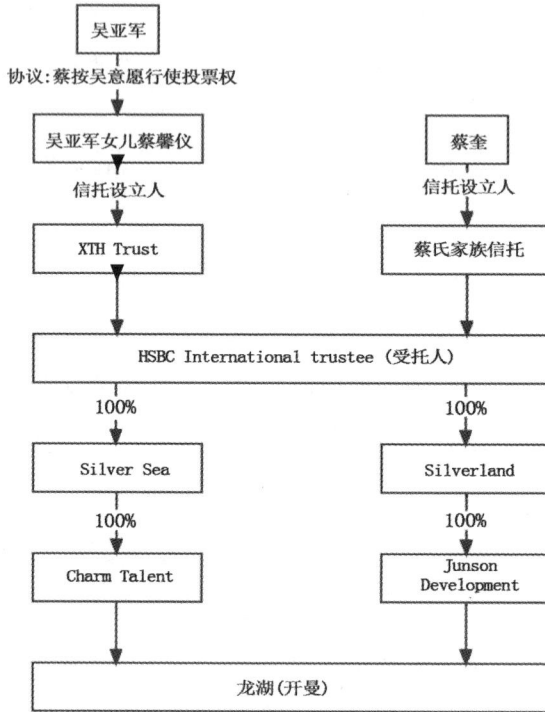

图 4-2　龙湖家族信托结构

　　根据公司 2022 年 10 月 28 日发布的人事变动公告，吴亚军出于个人原因辞任公司执行董事、董事会主席、提名委员会主席、薪酬委员会委员等职务。同时，执行董事及首席执行官陈序平被委任为董事会主席，赵轶、沈鹰为公司执行董事，邵明晓、夏云鹏为公司非执行董事。至此，龙湖地产完成去家族化，步入现代公司化治理的全新阶段。

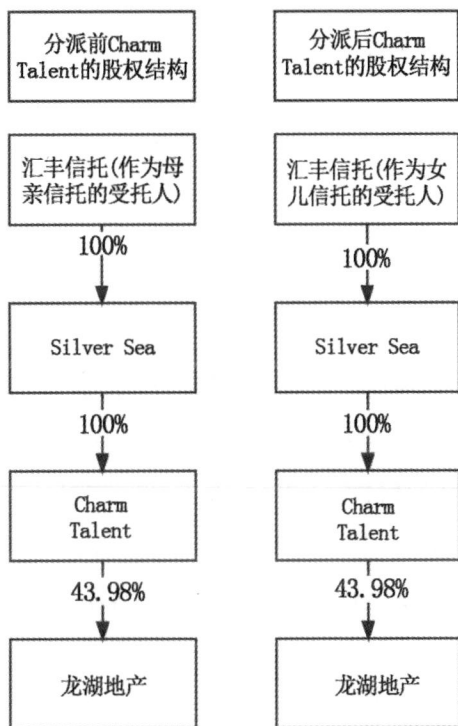

图 4-3 吴亚军设立"女儿信托"

而早在 2018 年 11 月 22 日，龙湖集团就股权事宜发布公告，宣布吴亚军的女儿蔡馨仪作为设立人成立了"女儿信托"［即图 4-3 中的汇丰信托（作为女儿信托的受托人）］，吴亚军此前设立的股权家族信托将所持有的 Silver Sea 公司全部已发行股本均分派至"女儿信托"，由"女儿信托"通过 Silver Sea 公司间接持有龙湖集团 43.98％的股份。最重要的是，吴亚军女儿蔡馨仪无条件承诺将促使龙湖的直接股东 Charm Talent 按照吴亚军的意思行使投票权。这是吴亚军家族财产传承的重要一步。"女儿信托"设立后，吴亚军实现了企业传承与家族传承的完美平衡，虽然女儿不是企业的接班人，但是通过协议行使女儿的投票权，吴亚军对家族企业股权的掌控和受益未受到影响。

股权信托的分类

股权信托主要分为五类。

第一类是封闭公司股权信托和公众公司股权信托。

封闭公司和公众公司是一种重要的公司分类，源自美国，其依据是资产规模、股东人数及股份的市场流动性。在《中华人民共和国公司法》（以下简称《公司法》）[①]中，有限责任公司和股份不能以公开方式转让的股份有限公司属于封闭公司，而上市公司与非上市公众公司（新三板公司）则属于公众公司。

以这两类公司股权设立的信托，可分别称为封闭公司股权信托和公众公司股权信托。公司性质的差异，决定了受托人在权利、义务和责任等方面存在明显差别。

在封闭公司股权信托中，因封闭公司人合性突出，公司治理结构偏弱，家族企业家（委托人）可能保留实质性控制，指定家族成员实际经营目标公司，或者授予受托人全面参与公司运营的权利，受托人的谨慎投资、公平对待、信息披露等义务变化很大。尤其是在信托持有封闭公司全部股权时，受托人对公司事务的介入和干涉权力最大，法院可能认定公司属于信托的另一个"自我"，从而刺破公司面纱，要求信托对公司债务承担责任。

与之不同，在公众公司股权信托中，由于公众公司的股东非常分散，信托一

---

① 《中华人民共和国公司法》（2023年修正）第二条：本法所称公司，是指依照本法在中华人民共和国境内设立的有限责任公司和股份有限公司。

般无法对公司进行控制，而且公众公司的治理结构较为完善，信息披露要求高，受托人在参与目标公司的运营中，必须遵守公司法、证券法的强制性规范，在追求信托受益人利益时也不得损害外部股东尤其是中小股东的合法利益。此时，股权信托受托人需要协调各类利益，妥善处置不同义务之间的冲突。

第二类是单一受益人的股权信托与复数受益人的股权信托。

家族财富中，人力资本是一个重要的组成部分。对于家族客户而言，设立的股权信托通常涉及多个受益人，包括父母、配偶、子女甚至孙辈等。不同受益人具有不同的利益诉求和风险偏好，这为受托人在管理信托财产时提出了差异化的需求。受益人为一人（或者组织）的股权信托为单一受益人的股权信托，而受益人数量大于一的为复数受益人的股权信托。

由于不同类别的受益人享受的信托利益、本身的经济状况及风险承受能力存在较大差异，不同受益人之间存在利益冲突，妥善平衡各类受益人的利益，确保利益分配的公平公正往往较为困难。如在本金与收益分离型股权信托中，本金受益人追求投资的保值、安全，要求受托人投资风险很低的行业，而收益受益人倾向于要求受托人参与高风险、高收益的创投企业，因为投资风险越大，对应的收益也越大。复数受益人的股权信托对受托人的注意义务、能力和技能提出了更高要求。

第三类是固定信托和自由裁量信托。

受托人的权限（包括指定受益人、何时向何人分配利益）大小决定了一个信托是固定信托还是自由裁量信托。顾名思义，固定信托与自由裁量信托的最大区别在于，固定信托的受益人有权要求受托人按照信托文件分配信托利益，而自由裁量信托的受益人则无法强制受托人分配信托利益。

在家族财富传承中，自由裁量信托运用更为广泛，因为是否分配信托利益、公平对待不同类型受益人以及确保公司长远发展之间往往存在较大的冲突，赋予受托人在利益分配上灵活的自由裁量权，更能适应现实中的变化，应对可能出现的意外情形，且能有效地减免税负。自由裁量信托常与"没收条款"或"败家子条款"合并使用，一旦信托利益被败家子转让，受托人可决定对其不分配利益，这样能防止后代挥霍家产。

接下来我们会看到，由于自由裁量信托的受托人对财产分配事宜拥有自由裁量权，这类信托的受益权无法被法院强制执行。

案例【泽西岛法院拒绝执行自由裁量信托下的信托受益权】

Kea Investments Ltd.（原告）向一家名为"斯巴达计划"的合资企业投资了 1.29 亿英镑。随后，其向法院指控 Eric Watson（被告）在该投资中违反信义义务，对其实施了非法利诱、欺诈等行为。2018 年，英格兰和威尔士高等法院做出判决，支持了原告的诉讼请求，判决包括两项内容：一是被告向原告支付 4350 万英镑，二是被告对原告应得利润损失的赔偿。然而被告一直没有履行上述判决。

原告发现被告是三个泽西岛自由裁量信托的受益人。在这三项信托中，受托人对于将信托财产分配给信托的受益人享有自由裁量权，其中被告为受益人之一。信托受益人仅有权请求受托人考虑向受益人分配信托财产。基于此，原告没有诉请对信托资产进行直接强制执行，而是诉请通过泽西岛的强制执行机制（arr t entre mains）[1]对被告在信托中的权益作出判决。

---

[1] arrêt entre mains 是一种泽西岛法律补救办法，用于扣押属于第三方手中的债务人的财产为债权人的债权设立担保。该机制可适用于有形财产或动产，也可以适用于无形动产，如债务和股份。在这种情况下，债权人可以绕过债务人，直接对第三方手中的财产或者权利进行强制执行。该机制有点类似于我国《合同法》上的债权人代位权。

原告主张，根据《1984年（泽西）信托法》规定，自由裁量信托受益人的权益和权利是动产，可以根据信托条款出售或抵押，因此可以适用强制执行程序进行扣押。泽西岛法院驳回了原告的论点。法院认为，受益人在信托下的利益不是独立的，而是由信托本身的条款界定的。法院指出，受托人在为受益人利益而行使自由裁量权的情况下，必须真正为受益人的利益行使该权利。或许从一般观念来看，偿付受益人所欠的债务对于受益人来说，似乎罕见地会遭到受益人反对。但法院认为，如果分配财产系为了受益人的债权人利益的话，那么这种分配行为将不是"为了受益人利益"。此外，自由裁量信托中的受益人要求受托人向其分配信托财产是其个人权利，不能自愿或通过类似于强制执行的方式转让给第三方。

第四类是管理型股权信托和运用型股权信托。

根据委托人设定信托的目的，股权信托可分为管理型和运用型两种类型。顾名思义，若股权信托受托人有权参与股权的实际经营，例如参与公司决策、表决等，则该信托可被归类为管理型股权信托。[①]

运用型股权信托是以运用股权获取收益为目的，由受托人将股权（主要是股票）作为借贷标的加以运用管理，如从事融资融券业务等，委托人看重的是投资收益而非受托人的管理能力。运用型股权信托较为少见，且涉及的法律问题（如借贷）相对简单。其结构如图4-4所示。

---

① 孙兵兵.信托财产及受益权强制执行问题研究[D].重庆：西南政法大学，2016.

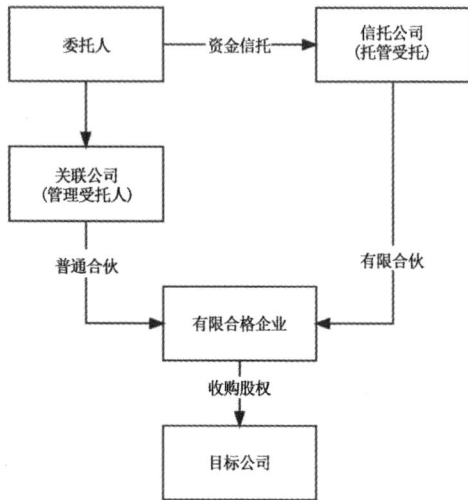

图 4-4　运用型股权信托的结构

第五类是被动管理型股权信托和主动管理型股权信托。

根据受托人在信托存续期间是否承担主动管理职责，股权信托可分为被动管理型（即事务管理类）股权信托和主动管理型（即非事务管理类）股权信托。中国银保监会曾在《关于调整信托公司净资本计算标准有关事项的通知（征求意见稿）》（以下简称《通知（意见稿）》）中对这两者进行了定义。按照《通知（意见稿）》的描述，被动管理型信托是指委托人自主决定信托设立、信托财产运用对象、信托财产管理运用处分等事宜，自行负责前期尽职调查及存续期间信托财产管理，自愿承担信托投资风险，受托人仅负责账户管理、清算分配以及提供或出具必要文件以配合委托人管理信托财产等事务，不承担积极主动管理职责的信托业务。为了提高事务类信托业务认定的可操作性，《通知（意见稿）》还明确了该信托的两大重要特征：（1）信托报酬率较低；（2）信托合同规定以信托期限届满时信托财产的存续状态交付受益人进行分配。[①]

境外股权信托现状

如前所述，英国的信托法律体系以《受托人法》和《永续和累积法》为骨干。围绕这些核心法律，英国制定了一系列专门针对信托活动的特别法规。香港特别行政区的信托法律体系则承袭了英国的法律传统，并根据其独特的法律环境和实践需求，发展出了具有地方特色的判例法和成文法。

虽然美国信托法律主要由各州自行制定，但美国联邦政府近年来一直致力于信托法律的成文化。比如美国统一州法全国委员会在 2000 年 8 月编制了《统一信托法典》（Uniform Trust Code），截至 2023 年初，已被 36 个州完整或部分地纳入州法。

英国信托法下的一般信托的有效设立需要委托人明确表达其希望设立信托的意愿，同时确定信托目的、财产、受益人，并由委托人将信托财产转移给受托人。反永续原则是英国信托原则的重要内容，其规定：私人信托期限必须确定，禁止设立无期限信托或期限过长。目前英国《永续和累积法》规定信托有效期限为 125 年。

香港特区信托的设立亦必须符合上述三大确定性要求。与英国不同的是，香

---

① 杨震.信托股权模式的创新与规制研究 [J].全国流通经济，2021(13)：96-98.

港特区于 2013 年起废除了禁止永续和过度积累收入的规定，明确信托不受有效期限的限制。

美国信托法项下也同样确立了类似的信托设立规则。与英国相似，美国信托法项下也存在禁止永续规则，一般情况下私人信托最长期限为信托当事人（一般为委托人，也有部分为受益人）终身加上 21 年。不过，美国有些州允许信托永久运行，这类信托被称为王朝信托（dynasty trusts）。例如：阿拉斯加州、南达科他州和新罕布什尔州均允许信托永久存续；特拉华州允许以个人财产和可投资资产为信托财产的信托永久存续，但作为信托财产的房地产必须在 110 年后清算。

BVI 作为英美法系法域，在 BVI 设立的一般信托的条件与英国普通法的原则一致。BVI 于 2004 年出台的《英属维尔京群岛特别信托法案》（以下简称《VISTA 法案》）标志着 VISTA 信托的出现，VISTA 信托自问世以来，在财富传承、家族治理、资产保护等方面表现出明显优势，尤其受到亚太地区高净值人士的欢迎，成为中国境内企业家设立海外家族信托的优先选择。《VISTA 法案》仅适用于英属维尔京群岛中国公司的股份，也就是说只有 BVI 公司的股份才能设立 VISTA 信托，而且必须是信托文书中指定的股份。此限制一方面是为了避免管辖和法律适用的争议，另一方面基于英属维尔京群岛公司法固有的灵活性，能更好地与 VISTA 信托相结合。

最初《VISTA 法案》规定成立 VISTA 信托需要满足四个条件：

第一，信托通过委托人的书面遗嘱或生前有效的法律文书设立；

第二，受托人必须是持有英属维尔京群岛信托牌照的单一受托人；

第三，信托文书需约定任何继受受托人也必须是持牌的单一受托人；

第四，拟设立 VISTA 信托的股份没有被其他受托人设立其他信托。

2013 年对上述四个条件进行修订，允许对 VISTA 信托进行联合托管，联合受托人可以由BVI境外主体担任，而且VISTA信托的指定受托人不再要求是持牌信托公司，也可以是豁免的英属维尔京群岛私人信托公司（private trust company）。

境外的家族信托业务起步较早，我国许多知名企业家都在职业生涯早年设立了境外的股权家族信托。对于有境外上市、融资需求的企业家来说，在境外设立信托、将境外实体股权装入信托更是水到渠成的事情。以下案例中的雷军、纪凯婷就是这些企业家的典型代表。

案例【雷军：典型香港股权家族信托】

雷军家族设立的股权家族信托就适用香港特区法律。雷军先生将小米集团65.78亿股股票委托给ARK Trust持有，信托受益人为雷军先生及其家人。

小米集团股权家族信托架构如图4-5所示。[①]

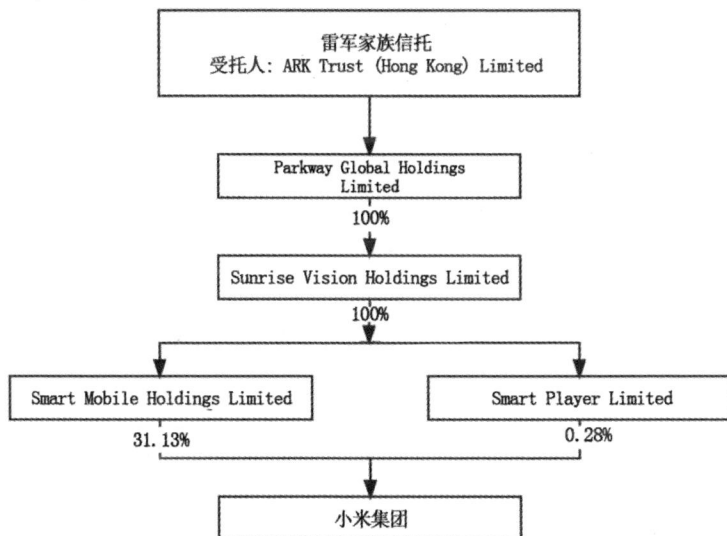

图 4-5　小米集团股权家族信托架构

---

① 其中，股比均为小米集团2018年6月上市招股书披露的上市发行前股比。

但是，像雷军那样选择香港作为信托设立地的企业家并非多数，更多企业家会选择开曼、英属维尔京群岛、根西岛等离岸法域设立信托，比如下面案例中的纪凯婷。

案例【纪凯婷：龙光集团家族信托】

2013年5月15日，纪凯婷通过在根西岛注册成立的信托公司Kei Family United Limited建立了一项家族信托。同一天，该信托公司收购了BVI控股公司Junxi Investment Limited的全部权益。信托公司是一家由Brock Nominees Limited及Tenby Nominees Limited各自拥有50%股权的公司，而其代表在根西岛注册成立的公司Credit Suisse Trust Limited（作为家族信托的受托人）持有这些股份。家族信托的受益人包括纪凯婷及其家庭成员（不包括纪女士的父亲纪海鹏）。纪凯婷担任家族信托的托管人和受益人，该信托的设立旨在持有纪凯婷及其家庭成员（不包括纪海鹏）在上市公司的权益。家族信托拥有信托公司的全部权益，而信托公司则持有BVI控股公司的全部权益（见图4-6）。在家族信托得到充分隔离的基础上，通过离岸公司实现了另一层次的隔离。这样的安排旨在充分合理规避风险和税负。

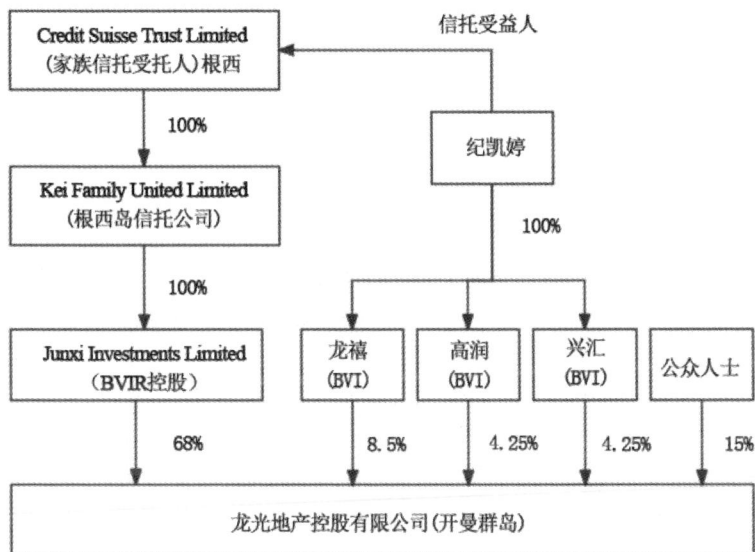

图 4-6 龙光集团家族信托架构

此外，一些富豪会通过家族信托进行资产配置，购入他们所看好的上市公司的股份。由于他们购入股份占公司总股本比例较低，不会影响公司控制权，公司带着这些着眼于投资的家族信托上市并非难事，下面的晶晨半导体就是一个例子。

案例【庄大能：A股上市前设立股权信托进行投资】

2019 年 8 月 8 日，晶晨半导体（上海）股份有限公司［Amlogic（Shanghai）Co., Ltd.，以下简称"晶晨股份"］于上交所科创板上市。根据晶晨集团上市招股意向书，晶晨股份的股权结构如图 4-7 所示。

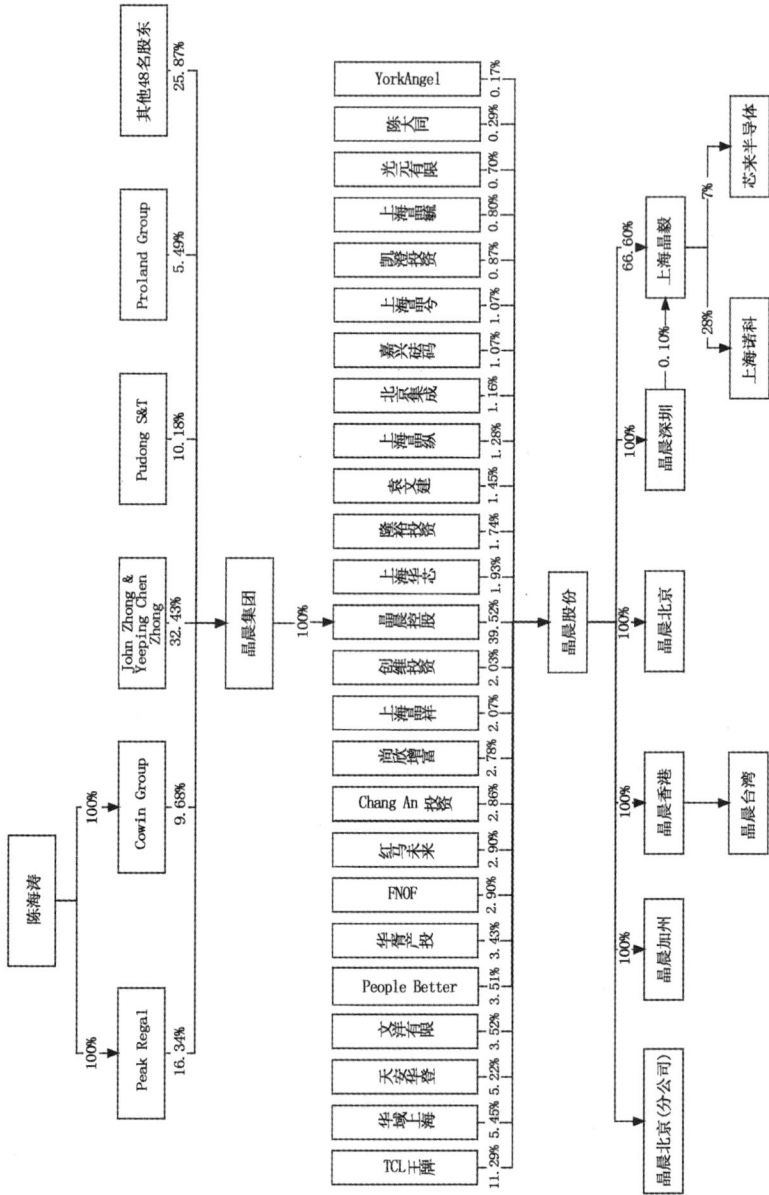

图 4-7　晶晨股份的股权结构图

值得注意的是，Chuang Family Trust持有晶晨股份0.28%的股权（见表4-1）。该信托是庄大能先生的家族信托，委托人为中国台湾地区自然人庄大能先生及其妻子——美国籍自然人Grace Huei-Huan Hu Chuang女士，受益人为美国籍自然人Allan Chuang、Enoch Chi-An Chuang及Peter Chien-An Chuang，受益人均系委托人的子女。

表4-1　晶晨股份招股书中的大股东

序号	股东名称	持股数／股	持股比例／%
1	Pudong Science and Technology (Cayman) Co.LTD	2, 263, 279	10. 18
2	Cowin Group	2, 153, 174	9. 68
3	Proland Group Ltd.	1, 219, 757	5. 49
4	Yeeping Chen Zhong	980, 400	4. 41
5	SVIC No. 25	577, 367	2. 60
6	Century First Ltd	566, 120	2. 55
7	Metro Magic Limited	250, 000	1. 12
8	Thakral Brothers (Pte), Ltd.	200, 000	0. 90
9	Lulubiz2017 LLC	169, 000	0. 76
10	Chuang Family Trust dated June 26, 2001	62, 500	0. 28
11	其他自然人股东	3, 927, 026	17. 66
	合计	22, 232, 506	100. 00

招股书认为，Chuang Family Trust dated June 26, 2001 并非直接持有发行人股权，且间接持有发行人的股权比例比较低，不会对发行人控股权稳定和实际控制人认定构成重大不利影响。除上述信托以外，晶晨集团不存在委托持股和影响控

股权的约定。

招股书附录二中，君合律师事务所援引境外律所 Collas Crill 出具的境外法律意见书称，根据庄大能先生出具的《Amlogic Holdings Ltd.法人股东信息调查表》及信托设立相关文件，Chuang Family Trust 成立于 2001 年 6 月 26 日，委托人为中国台湾地区自然人庄大能先生及其妻子，受益人均系委托人的子女，Chuang Family Trust 为庄大能先生的家族信托。综上，由于 Chuang Family Trust 为庄大能先生的家族信托，委托人和受益人为直系亲属关系，即委托人和受益人的关系简单，信托结构清晰，且 Chuang Family Trust 并非直接持有发行人股权，间接持有发行人的股权比例比较低，不会对发行人控股权稳定和实际控制人认定造成重大不利影响，因此，Chuang Family Trust 在晶晨集团层面的持股不会对本次发行及上市构成实质性不利障碍。

境外家族信托的借鉴意义

尽管股权家族信托在我国的发展潜力巨大，但我们仍须知道，股权家族信托对于国内家族企业来说仍然是新鲜事物，其发展尚处于萌芽阶段，只有少量信托公司涉足了股权家族信托产品。因此，我国的相关法律和制度仍然需要加以完善。

第一是股权家族信托税收机制的完善。

税务筹划是许多企业家设立股权信托的考量因素之一，同时，税务问题也是制约我国股权信托产业发展的因素之一，这二者并不矛盾。信托计划结束或依约完成信托计划，受托人向受益人转让股权实为"物归原主"的过程。此时若对信托征收第二次印花税，从表面看是符合相关法律规定的，但实质上是违反了课税原则，既违反了不得重复征税原则，而且也是对企业领导者设立股权家族信托目的的背离：重复征税实际上增加了设立信托的成本，也无法满足节约税收的需求。

为了化解重复征税问题，英美法系国家信托法规定受托人虽然享有股权，但只是名义上的所有人，其取得信托股权并未获得利益，因此在信托成立时不对其征税，只是在信托结束，受托人将股权转让给受益人时才征税。[1]

第二是信托机构内部设置受托人委员会。

股权家族信托中信托财产的特殊性使其与其他家族信托相区分，受托人管理股权的决策不仅涉及财产的盈亏，还涉及家族企业的运营与发展。此外，股权类家族信托将股权转移给受托人，而受托人并非单独的个人而是信托机构或者其他金融机构，这导致股权不明晰，进而引发的问题就是决策者都试图逃避做出决策，这种放任不管的心态导致企业决策无法有效做出并执行，这对企业的打击是致命的。股权家族信托的决策不仅受到委托人和受益人的监管，还需要专业决策团队即受托人委员会的监管。我国一些信托公司设有董事会信托委员会，以监督信托公司合法执行受托职责，确保最大限度地为受益人提供服务。然而，受托人委员会并非董事会信托委员会，而是专门为股权家族信托成立的组织，旨在为家族企业提供决策建议。受托人委员会的宗旨是提供科学的决策，而非履行监督职责。因此，在决策失误的情况下，受托人委员会应当负一定的责任。

---

[1]　鹿婷婷.股权类家族信托的法律分析——基于家族企业传承视角[J].山东商业职业技术学院学报.2020，20（1）：88-93.

境内股权信托现状

境内信托法律

虽然我国陆续出台了《信托法》《合同法》《信托公司管理办法》等一系列的法律法规，为我国家族信托业提供了法律依据，但由于欠缺与之相关配套的制度，其整体操作性较差。如我国《信托法》第二条规定，委托人将自己持有的信托财产的所有权"委托"给受托人，而不是像境外家族信托那样明确表示通过设立离岸的控股公司将信托财产的所有权"转移"给受托人，可见在我们国家的《信托法》中，对于所有权的界定非常模糊，因此也引起了不少争议。同时，对于股权资产的管理以及企业的所有权、管理权的划分也缺少相关的法律依据，一旦出现委托人突然意外去世的情况，就会在确定企业管理者的问题上缺少依据，从而产生纠纷。

我国现行的《民法典》对于委托人独立自主支配财产的权利方面存在非常大的约束限制，一旦处理不当，很有可能会引发财产权利的纠纷，进而对家族信托的稳定性和有效性产生巨大冲击。此外，《信托法》第二十条到第二十三条条例赋予了委托人更换、解任受托人等多种权利，由此可能出现委托人权利过大的问题，从而歪曲家族信托的本质及其功能，在家族信托的运行过程中可能也会潜伏较大的纠纷风险。所以，我国目前仍然缺乏平衡委托人与受托人的权利和义务的相关法律制度。

2017年8月25日，银监会正式发布了《信托登记管理办法》（简称《办法》），规定中信登为信托登记机构，负责信托产品的统一登记。《办法》第二条对信托登记的定义，明确了信托登记的内容[①]；《办法》第九条对信托登记信息做了进一步细化，特别提到信托财产[②]。但是可以看出，这两条以及整部《办法》都是在对信托产品的登记进行规定，而非针对信托财产的登记，虽然第九条提到信托财产，但也只是对信托财产的种类及来源信息的记载。信托财产登记与信托产品登记是完全不同的两个概念：信托财产登记是法律层次的含义，是实现信托破产隔离功能的重要表现；信托产品登记是实务操作层面的概念，是在管理信托财产过程中对信托产品进行的信息汇总。因此，在信托业务的发展过程中，应重视信托财产登记的制度建设，以保障信托破产隔离功能的实现，从而使信托行业更加规范、稳健地发展。

家族信托持有A股上市公司现状

A股上市前股权架构中的境内家族信托与海外上市公司普遍通过家族信托持股的情况不同，A股上市前的股权架构中，境内家族信托持股的案例较少，且截至2024年初，持股比例均未超过1%，均为间接持股。究其原因在于，境内证券监管部门对于家族信托持股的态度较为谨慎。

作为推动中国经济增长的重要力量，以及社会治理的承担者，上市公司近年来发展迅猛。截至2023年12月31日，A股上市公司数量已达5335家，总市值

---

① 《办法》第二条规定："本办法所称信托登记是指中国信托登记有限责任公司（简称信托登记公司）对信托机构的信托产品及其受益权信息、国务院银行业监督管理机构规定的其他信息及其变动情况予以记录的行为。"

② 《办法》第九条规定："信托登记信息包括信托产品名称、信托类别、信托目的、信托期限、信托当事人、信托财产、信托利益分配等信托产品及其受益权信息和变动情况。"

达 83.73 万亿元。① 其中，根据公开信息可以确定其股权结构包含家族信托的 A 股上市公司有 44 家，关于股票资产的传承也将产生巨大的需求。信托行业于 2019 年开启了关于股票家族信托的探索之旅。当年，建信信托创新设计了国内首款股票家族信托，成功尝试将上市公司控股股东的部分存量股票置入"全权委托型"家族信托。长安信托于 2021 年 5 月成立了国内首单科创板上市公司的股权家族信托，云南信托于 2021 年 6 月成立了第二单科创板上市公司股权家族信托。2020 年，长安信托落地了国内最大比例和单一金额的股票协议减持型家族信托，两单原始规模均为 9100 万元，在实际使用家族信托进行交割时，单一家族信托股票市值在交割时价值为 4.5 亿元，两单同时落地，故高达 9 亿元市值规模，且超过了上市公司股份比例的 10%，取得历史性突破。

经公开渠道查询，截至 2023 年 12 月底，共有 13 家公司 A 股上市前股权架构中存在境内家族信托。其中已上市公司共 7 家，分别为悦康药业（688658）、翔宇医疗（688626）、睿昂基因（688217）、振华新材（688707）、中科环保（301175）、诺思格（301333）、海光信息（688041）。这些公司的家族信托持股情况如表 4-2 所示。

表4-2　7家 A 股上市前股权架构中存在境内家族信托的公司的情况（截至 2023 年 12 月底）

序号	上市公司	上市时间	上市板块	家族信托持股比例 /%
1	悦康药业（688658）	2020-12-24	科创板	0.00
2	翔宇医疗（688626）	2021-03-31	科创板	0.01
3	睿昂基因（688217）	2021-05-17	科创板	0.13
4	振华新材（688707）	2021-09-14	科创板	0.01

---

① 孙杰.上市公司增至 475 家 A 股"北京板块"总市值保持全国第一 [EB/OL]. (2024-02-01) [2024-03-28].https://www.beijing.gov.cn/ywdt/yaowen/202402/t20240201_3552093.html.

序号	上市公司	上市时间	上市板块	家族信托持股比例 /%
5	中科环保（301175）	2022-07-08	创业板	0.01
6	诺思格（301333）	2022-08-02	创业板	0.00
7	海光信息（688041）	2022-08-12	创业板	未披露

注：数据均来自这几家上市公司披露的定期 / 临时报告。

截至 2023 年 12 月底，处于预披露阶段的公司共 6 家，分别为浙江华远、万创科技、盛邦安全、联川生物、西恩科技、星德胜。具体情况如表 4-3 所示。

表 4-3　6 家处于披露阶段、股权架构中存在境内家族信托的公司的情况（截至 2023 年 12 月底）

序号	拟上市公司	预披露时间	拟上市板块	家族信托持股比例 /%
1	浙江华远	2022-04-12	创业板	0.06
2	万创科技	2022-06-22	创业板	未披露
3	盛邦安全	2022-06-28	科创板	未披露
4	联川生物	2022-06-29	科创板	未披露
5	西恩科技	2022-12-08	创业板	未披露
6	星德胜	2023-01-03	上交所主板	0.01

注：数据均来自这几家上市公司披露的定期 / 临时报告。

经查询公开信息，截至 2023 年 12 月底，共有 27 家 A 股上市公司在定期/临时报告中披露了境内家族信托的直接/间接股东。从持有目的的角度看，家族信托持有上市公司股票可分为两种类型。

第一种是传承型，即委托人将其个人或家族持有的股票资产置入家族信托，以达到长期传承及资产隔离保护的目的。常见的持股架构为家族信托直接持有上市公司股票，或家族信托通过有限合伙企业间接持有上市公司股票。

查询结果中，8家上市公司在定期/临时报告中披露，家族信托直接持有上市公司股票，直接持股比例均未超过5%，4家上市公司定期/临时报告中披露，家族信托通过有限合伙企业间接持有上市公司股票，最高持股比例为19.21%。

第二种是投资型，即家族信托可通过持有公募基金、私募基金、资管计划、信托计划等金融产品间接持有上市公司股票，以实现信托财产的多元化配置。该类型案例较多，此处不一一展开。

什么是股票家族信托

上文提到，由于我国监管部门对于包含信托的"三类股东"的审查较为严格，在A股带信托股东上市的公司数量不多。区分上市前、上市后的股权信托的意义除了判断监管对于信托持股的态度以外，还包括一点：买入上市公司股票相对于非上市公司的股权来说，更易形成标准化操作。这意味着，在上市后搭建家族信托的合规成本更低。具体地，有原始股等特定股份减持计划的上市公司实控人/大股东，可以在股票低位时置入家族信托，未来在家族信托项下择机灵活减持。因此，本书将买入上市公司股票作为信托财产的家族信托单列为股票家族信托。

在股票家族信托的实际操作中，证券公司在交易结构设计、税收筹划安排、减持方案、权益投资、信息披露等方面的服务能力强，更加专业、更有竞争力。因此，本书在此将股票家族信托单列出来讨论。

股票家族信托的定义

股票型家族信托是指委托人（上市公司股东）将其直接或间接合法持有的上市公司股票作为信托财产设立的家族信托，以达到合理减持、风险隔离、财富传承、股权集中管理等目的。通过股票家族信托，委托人可以将相应股票权益的信托受益权合理传承（流转）给子孙后代，避免身体状况变化、婚姻变化、家庭关系破裂、血亲关系向下分化等原因所导致的财产外流。

一般而言，股票家族信托可以分为两种：一种是委托人持有 10 万股或者 0.01% 股份比例以下，从而在 IPO 前直接持有或者通过搭建合伙企业，利用家族信托持有有限合伙人份额从而间接持有。第二种是在券商直接用家族信托开户，然后使用该账户进行承接协议减持或者在二级市场购买股票。

近几年来，越来越多上市公司大股东开始通过家族信托来持有上市公司股份，实现公司的控制权保留、股份盘活、股权集中管理、减持后再投资和财富传承。

股票家族信托的意义

股票家族信托的功能和意义体现在以下几个方面。

第一，股票型家族信托有利于构建长远的公司治理机制。其一，股票家族信托可实现企业财产所有权与经营权的分离，有利于建立现代企业制度，引入市场机制和职业经理人机制。即使后代缺乏接班意愿或能力，也不会对企业永续经营造成决定性的影响。其二，股票家族信托利于理清上市公司持股关系，避免代持等不规范的权属安排，或者企业股权不清晰等问题引发法律纠纷。

第二，股票型家族信托有利于企业股权稳定。其一，该种信托是由家族信托持有上市公司股票，实现家族成员资产的成功隔离。股权所有权将不因股东或其后代个人的生老病死、婚姻变化、债务，甚至移民状况而发生转移。其二，利用法定继承、捐赠或法院判决等传统方式传承股权给家族成员，往往导致股权分割，而家族信托持有上市公司股票，可避免企业持股比例分散、家族成员对企业的控制权被稀释甚至失去企业控制权的情形。

第三，股票型家族信托可以有效实现税收筹划。原始股东减持时股价越高，则股东需要缴纳的所得税越高。如在股价低点时，原始股东将股票交易至家族信托，只需就低点减持股票所得缴纳所得税，同时又可以享受未来股价升值的资本利得。尽管目前家族信托分配收益时，还有诸多纳税政策方面的不确定性因素，但通过家族信托持有上市公司股权，在未来股票减持及分红时，仍旧可以在一定程度上有效实现股东税务筹划，在法律允许的最大限度内，降低企业家的税务成本。

第四，股票型家族信托有利于筹划合规的减持。监管部门对于上市公司大股东减持有着明确的监管要求及减持额度的限制，股票家族信托可在允许股东减持时，充分合理地利用当时的减持额度进行操作，避免股价较低等致使股东未进行减持操作而浪费额度。由于上市公司大股东减持有着明确的监管要求及减持额度的限制，上市公司大股东可将规定范围内的股票额度减持到家族信托，以便日后择机在股价合适之时一次性进行减持。

第五，股票型家族信托有利于建立灵活有序的利益分配机制。上市公司股东可通过股票家族信托对家族股权资产分配做出安排，减少纷争，并且根据不同受益人的年龄、需求、所处人生阶段等情况设置相应的信托利益分配机制。同时，也可通过制定合理的激励措施，有效引导受益人的行为习惯，使其树立正确的人生观和价值观，进而在实现家族财富传承的同时，助其家族精神永续。

股权家族信托的设立时机

身故、婚变、公司债务危机等无法预料的事件，是影响公司股权的主要因素，因此可以根据这些因素提前设立股权信托。

孔子曾说"未知生，焉知死"。中国传统文化对于谈论"身后安排"的回避和忌讳，导致很多企业家未能及时规划家族财富的传承。近年来，在未提前进行股权传承安排的情况下，企业"掌门人"意外身故影响企业正常运行、家庭和谐的新闻屡见不鲜。

案例【游族林奇：身后事难平，股权被冻结】

2020 年，深交所上市公司游族网络股份有限公司（002174）创始人林奇竟被高管同事下毒谋害。林奇生前未对其个人直接持有的游族网络股权做出任何安排，因此这些股权在林奇身故后由其三个未成年子女继承。2021 年 1 月 12 日，林奇生前所持股份被平均分配给了三个子女，他们的监护人许芬芬（林奇遗孀）因此成为游族网络的实际控制人。

林奇去世已经三年有余，表面上，他的三个未成年子女（林漓、林芮璟、林小溪）得到了他的巨额遗产（包括游族网络股份），但是林奇生前的债务等纠纷却始终扰得三个子女和他们的监护人许芬芳不得安宁。他们的股权很快就因为林奇生前债务和各种纠纷而被冻结。2024 年 2 月 19 日，游族网络发布公告称，股东林漓、林芮璟及林小溪名下的公司股份（合计 5.49%，为彼时三人名下在游族网络的全部股份）被司法冻结。公告没有说明与司法冻结相关的纠纷，但查阅公开信息可知，本次冻结可能与上海一骑当先管理咨询合伙企业（有限合伙）（以下简称"一骑当先"）的侵权责任纠纷案有关。许芬芬作为三个未成年人股东的监护人，代为行使股份相关权益，因此，许芬芬是纠纷案的当事人之一，其与"一骑当先"的案件〔（2024）沪 01 民初 86 号〕定于 2024 年 3 月 19 日在上海市第一中级人民法院开庭审理。

林奇去世后，林奇三个子女在继承其财产的同时也继承了其生前债务。林奇生前将持有的股份进行了质押，2020 年 10 月 16 日披露的质押公告显示，彼时林奇持有的游族网络股权质押比例约为 78.18%。因此，三个子女的股份被冻结并不奇怪。

林奇生前未对股份做任何安排，其持有股份的形式也是简单的个人直接持有。如果林奇生前将股份放入一个家族信托，指定后代为受益人，则股份和股份的收益可以被有效地隔离在个人的债务之外。因为一旦股份装入了信托，法律上这些股份的所有权就归信托受托人。如果这些股份被装入根据英美普通法设立的信托，隔离效果将更强，因为普通法直接确认信托受托人拥有信托财产的所有权。简言之，林奇本可以充分利用信托的风险隔离功能，这样他的后代便无须继承财产（从而也不会继承债务），也能安全稳定地享受股份带来的收益。

各板块股票家族信托的典型代表

下文是上交所主板、深交所（中小板、创业板）上市公司的股票家族信托的一些典型案例。

案例【黄海霞：上交所主板上市公司华达科技股权信托】

华达科技全称为华达汽车科技股份有限公司，创始人为陈竞宏。2023 年 1 月 17 日，华达科技发布了《简式权益变动报告书》，公司大股东、实控人陈竞宏将其直接持有的 5% 股份转让给杭州皖翰咨询合伙企业（有限合伙）（以下简称"皖翰咨询"）。转让前，陈竞宏为公司创始人、实控人，持有股份比例为51%。皖翰咨询在受让股份前不持有公司任何股份，其GP为黄海霞（出资比例1%），LP为杭州工商信托股份有限公司（出资比例99%）。转让的标的股份为陈竞宏持有的上市公司无限售条件流通股21,952,000股股份及标的股份所对应的所有股东权利，价格为17.60元／股，交易价款合计为人民币386,355,200元。在当日的报告书中，没有提到该信托的性质。次日发布的《更正公告》增加了对"有限合伙人杭州工商信托股份有限公司"一栏的说明，显示该信托为"家族信托"。华达科技股权信托结构如图4-8所示。

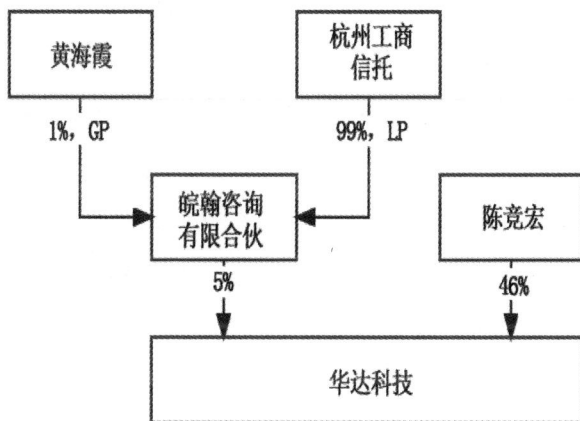

图4-8 华达科技股权信托结构

根据公开信息，此家族信托的设立人黄海霞与华达科技实控人陈竞宏并无关联。[①]因此，黄海霞此次设立股权家族信托或是为实现财富传承而做出的资产配置决定。与三孚股份、欧普照明的家族信托类似，该信托也包含了有限合伙企业。但是，黄海霞在设立家族信托时，并没有选择使用有限责任公

---

① 搜狐新闻.77岁实控人年内已套现近8亿，85后牛散举牌华达科技[EB/OL].（2023-03-29）[2023-12-27].https://business.sohu.com/a/660594509_639898.

司作为持股平台，而是让有限合伙企业直接持有华达科技的股份。

案例【贾春琳：深交所中小板上市公司盛通股份股权信托】

盛通股份全称为北京盛通印刷股份有限公司，创始人为贾春琳，公司主营业务为包装印刷。盛通股份创始人、董事长贾春琳的儿子贾则平设立了家族信托。2022年年报显示，截至2022年12月31日，贾则平为公司前十名股东，持股比例为3.32%。2023年第一季度报告显示，贾则平持股的比例达到1.6%，长安国际信托股份有限公司——长安盛世·嘉泽恩传家族信托进入公司前十名股东之列，持股比例为1.72%。该家族信托的持股比例与贾则平持股下降的比例一致，且该信托持有的股份数量也与贾则平减持的股份数量一致。2023年3月25日，盛通股份发布《关于持股5%以上股东的一致行动人减持股份超过1%的公告》。公告显示，贾则平通过大宗交易的方式减持公司股份925万股，减持比例为1.72%，而2023年第三季度报告也显示，上述信托持股的数量为925万股。因此，可以推测，贾则平减持的股份转入了上述的家族信托中。[①]上述信托结构如图4-9所示。

---

① 盛通股份.关于持股5%以上股东的一致行动人减持股份超过1%的公告[EB/OL].（2023-03-25）[2024-02-15].https://pdf.dfcfw.com/pdf/H2_AN202303241584539506_1.pdf?1679696105000.pdf.

盛通股份.2023年第三季度报告[R/OL].（2023-10-31）[2024-02-15].https://vip.stock.finance.sina.com.cn/corp/view/vCB_AllBulletinDetail.php?stockid=002599&id=9618590.

盛通股份.2023年第一季度报告[R/OL].（2023-04-29）[2024-02-15].https://vip.stock.finance.sina.com.cn/corp/view/vCB_AllBulletinDetail.php?stockid=002599&id=9179505.

盛通股份.2022年年度报告[R/OL].（2023-04-25）[2024-02-15].https://pdf.dfcfw.com/pdf/H2_AN202304241585775019_1.pdf?1682395067000.pdf.

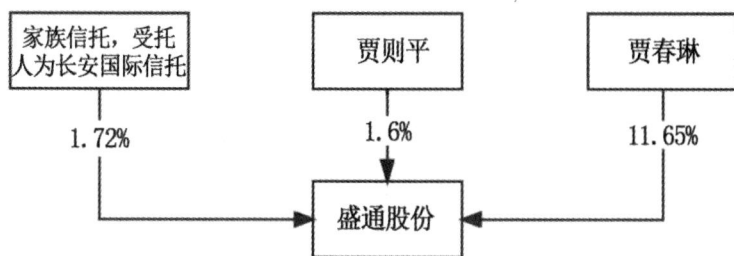

图4-9 盛通股份股权信托结构

案例【范劲松：深交所创业板上市公司开润股份股权信托】

开润股份以IT包袋代工制造起家，并逐步延展到运动和休闲包袋。开润股份创始人范劲松搭建信托的方式是，先设立家族信托，受托人为建信信托，再将对开润股份持有的股权全部转让给受托人。2023年10月31日，开润股份发布第三季度报告，报告显示，建信信托有限责任公司—建信信托—安享财富家族信托180号（以下简称"建信信托"）为公司第二大股东，持有股份数量为10,776,500股，对应的股份比例为4.49%，仅次于第一大股东范劲松（股份比例51.23%）。

2023年3月22日，开润股份发布《关于大股东提前终止减持计划的公告》（公告编号2023-021），总结了大股东（即范劲松）在2022年12月1日至2023年3月21日通过大宗交易累计减持公司股份8,901,500股，减持比例为3.72%。该报告并未显示范劲松出售股份的买方，但是我们可以通过查阅对应期间（2022年半年度至2023年第一季度）的年报、半年报、季度报告，得知公司股东变动的情况，从而推测出范劲松股权的买方。

2022 年半年报显示，建信信托不在开润股份前十名的股东之列。[①]2022 年年报显示，建信信托进入十大股东之列，持股比例为 1.82%[②]；2023 年第一季度报告显示，建信信托的持股比例上升到 3.71%[③]。

简言之，建信信托自 2022 年下半年到 2023 年第一季度增持股份的比例大约为 3.71%，这一比例与范劲松的减持比例基本一致。结合建信信托产品的基本信息，我们可以推测出范劲松减持的目的是将其股权装入以建信信托为受托人的家族信托产品中。范劲松的信托持股结构如图 4-10 所示。

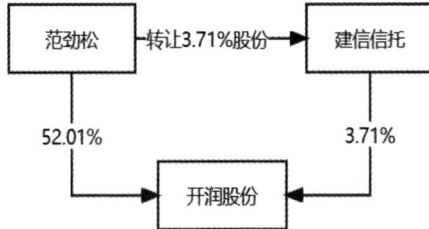

图 4-10 范劲松设立股权信托的持股结构

① 开润股份.安徽开润股份有限公司 2022 年半年度报告 [EB/OL]. (2022-08-29) [2024-05-15]. http://www.szse.cn/api/disc/info/download?id=1e7da5ae-f0a8-4b91-8277-6aee15b2ac4d.
② 开润股份.安徽开润股份有限公司 2022 年年度报告 [EB/OL]. (2023-04-27) [2024-05-15]. http://www.szse.cn/api/disc/info/download?id=10.
③ 开润股份.安徽开润股份有限公司 2023 年第一季度报告 [EB/OL]. (2023-04-26) [2024-05-15]. https://baijiahao.baidu.com/s?id=1764349813054346336&wfr=spider&for=pc.

境内股权家族信托搭建策略

中国境内股权家族信托的搭建方式主要有两种：家族信托直接持股模式和家族信托间接持股模式。

家族信托直接持股模式下，信托公司直接登记为标的公司的股东，这意味着信托公司以自己的名义行使股东权利，履行股东义务。在信托财产不能穿透登记的情况下，标的公司的经营风险和声誉风险可能波及作为名义股东的信托公司，因此信托公司一般会谨慎采用。

相较于非上市公司，上市公司运行公开透明、规范程度更高，信托公司能够接受直接持股的模式。但实践中，通过家族信托直接持有股票的比例通常较低。根据公开信息，在目前已有的家族信托直接持有上市公司股票的案例中，家族信托持股比例均低于 5%。

在家族信托的实践中，相较于直接持股，家族信托通过特殊目的实体间接持有标的公司股权的架构更为普遍。

在境外，SPV 通常采用有限责任公司的形式，但由于中国境内法律、税务制度的不同，中国股权家族信托的 SPV 通常采用有限合伙企业的形式，委托人或委托人实际控制的有限公司作为 SPV 的 GP，信托公司作为 LP，利用有限合伙特殊的法律架构以及 LP、GP 差异化的法律主体责任，实现家族成员在持有 SPV 较少份额的情况下控制 SPV，也可以更好地隔离受托人的法律风险。

非上市企业股权家族信托典型结构

为了保留客户自身（或其指定主体）对于装入企业的控制权，实现公司经营指令的高效下达与执行，避免信托公司实质参与或干扰家族企业经营，同时也为了维持企业持股的稳定，隔离经营风险向上传递，客户通常会在家族信托及拟装入家族企业之间架设一层持股平台SPV，多以有限合伙企业的方式设立。

信托公司以家族信托名义为该有限合伙企业的LP，主要享受来源于合伙企业的分红回报，而客户（或其指定主体）作为该有限合伙企业的GP，主要负责合伙企业以及底层家族企业的实际运营。同时，采用合伙企业形式作为持股平台SPV，基于合伙企业本身不是纳税主体，也可以有效降低税负成本。

在家族信托搭建路径上，委托人可以先将足额现金注入由信托公司管理的家族信托，再由家族信托以LP的身份向持股平台SPV（合伙企业）实缴出资，最终用于收购客户持有的家族企业股权并支付对价，也可以直接由家族信托出资收购已经完成设立的持股平台SPV（合伙企业）的LP份额，最终搭建如图4-11所示的持股架构。具体搭建过程中还需考虑股权/LP份额转让的公允定价及税务成本等问题，确保相关税务筹划安排合法合规。

非上市企业股权家族信托的典型结构如图4-11所示。

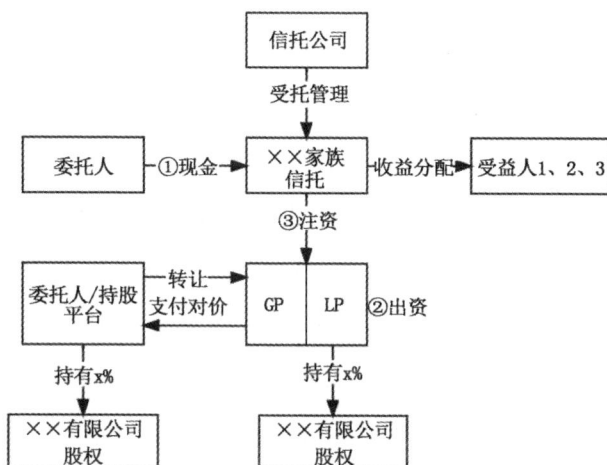

图 4-11 非上市企业股权家族信托的典型结构

上市企业股权家族信托典型结构

家族信托一旦涉及装入上市公司或拟上市公司的股份，除了遵守信托相关法律法规外，还需要接受证监体系相关法律法规以及交易所规则的制约。对于拟上市公司的装入而言，往往企业上市前要清退"三类股东"（契约型私募基金、资管计划、信托计划）的规则致使其举步维艰，而对于已经完成上市的公司股份装入而言，需要受到上市公司股份过户制度、上市公司流通股协议转让规则、上市公司一致行动人认定、减持限制、信息披露等诸多方面的管制，这也是为何目前境内上市企业股份家族信托的案例凤毛麟角。下面将介绍两个上市后搭建了家族信托持股结构的 A 股上市公司：欧普照明、三孚股份。

案例【马秀慧：信托通过有限合伙企业控股欧普照明】

A股上市公司欧普照明股份有限公司（证券代码：603515，简称"欧普照明"）于2022年9月10日发布公告，欧普照明的实际控制人（本次转让前持有公司18.71%股份）于2022年9月8日通过大宗交易的方式向上海峰岳企业管理合伙企业（有限合伙）（简称"上海峰岳"）（本次转让前未持有上市公司股份）转让公司股份7,600,000股，约占公司总股本的1.01%。上海峰岳的LP为信托公司（代表家族信托）。受限于股票非交易过户模式尚未适用于家族信托资产置入，本次转让以交易过户方式完成，交易价格为1.1亿余元。该股权家族信托的结构如图4-12所示。

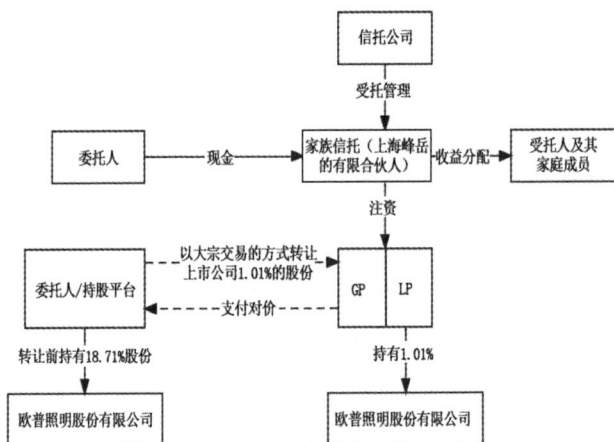

图4-12 欧普照明股权家族信托结构

上文欧普照明案例搭建信托的方法是通过直截了当的股权转让，而下面的三孚股份案例中，信托是通过受托人向持股平台增资的方式搭建的。

案例【孙任靖：家族信托通过增资控股三孚股份】

2022 年 8 月 20 日三孚股份发布公告，三孚股份公司实际控制人孙任靖以自有资金委托五矿国际信托有限公司设立了五矿信托－恒 28 号财富传承财产信托。五矿信托作为受托人代表家族信托，并作为有限合伙人与孙任靖作为普通合伙人一同投资设立了唐山恒泽企业管理咨询合伙企业（有限合伙）（简称为"恒泽管理"）。五矿信托持有恒泽管理 99.9% 的财产份额，而孙任靖持有恒泽管理的 0.1% 的财产份额。2022 年 8 月 19 日，恒泽管理作为增资方与实际控制人孙任靖、元亨科技签署《增资协议》，恒泽管理通过向元亨科技增资，成为元亨科技持股 75% 的股东，即家族信托通过恒泽管理及元亨科技间接控制三孚股份 25.64% 股份。该信托的结构如图 4-13 所示。

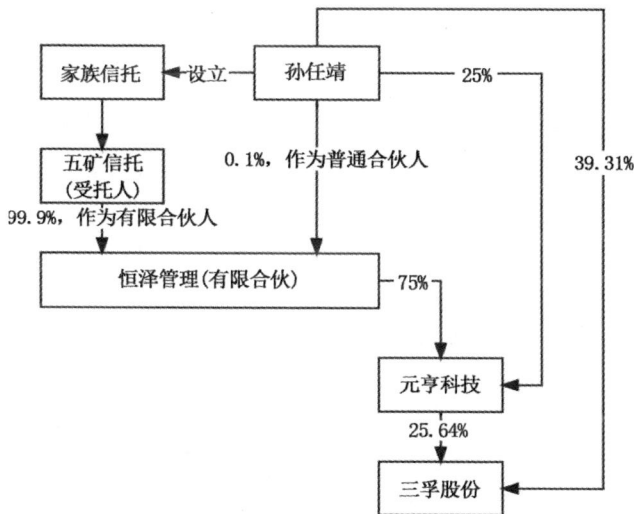

图 4-13　三孚股份股权家族信托结构

与前述交易过户股份的上市公司案例不同，三孚股份在架构搭建过程中，上市公司层面并未发生股份直接交易行为。

上市公司的实控人或控股股东将其名下直接或间接持有的上市公司股权转入信托，往往都通过较为低调的方式。由于证监会对信托持股长久以来的谨慎态度，A股上市公司的相关情况尤其如此。但是，三孚股份实控人孙任靖通过公告披露了其股权设立家族信托的方式，使我们得以通过交易所公告一窥中国大陆A股上市公司家族信托的情况。

孙任靖不是简单地将其对元亨科技的股权转让给家族信托，从而转让三孚股份的股权。事实上，孙任靖在设立信托的过程中并没有直接或者间接转让三孚股份的股权。孙任靖先设立了一个恒泽管理作为持股平台。随后，孙任靖设立了一个资金信托（而非股权信托），将自己的资金转入家族信托。紧接着，这个资金信托的受托人五矿信托按照孙任靖的意思，担任了恒泽管理的有限合伙人，持有恒泽管理99.9%的股权，而孙任靖仅持有0.1%的股权，但拥有GP身份。根据恒泽管理的合伙协议，GP（孙任靖）为合伙企业的执行事务合伙人，有权代表合伙企业管理和运营合伙企业及其事务，有限合伙人不参与合伙企业的一般经营决策。

最重要的是关于恒泽管理通过元亨科技持有的三孚股份的股权的约定。合伙协议约定：就元亨科技因持有三孚股份的股票而享有的与之相关的表决权、管理权、决策权、提案权、提名权、召集权、处分权等权利以及承担的与之相关的信息披露等义务，如元亨科技行使该等权利或履行该等义务需要合伙企业以元亨科技股东身份做出意思表示，合伙企业须以执行事务合伙人的意思表示为准，该等事项无须提交合伙人会议审议。

简言之，本次家族信托的设立不会影响孙任靖通过元亨科技对于三孚股份相关表决权、管理权、决策权、提案权、提名权、召集权、处分权等权利的行使，但同时允许孙任靖通过家族信托实现家族财富传承的目的。

在信托的设立环节，如果需要将股票委托人减持并转让至家族信托名下，涉及的财产交付过程将被视为交易过户，而这一过程可能会涉及多种税收。需要考虑拟置入家族信托的上市公司股票是否涉及限售股、转让方式（大宗交易、协议转让、增资等）、转让主体（自然人、有限公司、合伙企业、证券投资基金）等。因此，孙任靖通过设立持股平台、不直接减持股票的方式设立信托，有其合理性。

境外股权信托对境内实践的启示

境外股权家族信托对境内信托业的启示主要在于法律框架、灵活性和创新、跨国合作、法规更新、地区法规差异以及 BVI 的特殊案例等方面。

首先，英国和中国香港特区的信托法为境内信托法律（法规）提供了法律框架，为境内信托法规的发展提供了借鉴和参考。中国香港特区在 2013 年的法规修改中废除了限制信托永续和过度积累收入的规定，以适应信托业的发展，体现了法规的灵活性。

其次，英国通过《信托承认法》提供了境外信托的法律基础，允许法院认可在外国设立信托的效力，促进了跨国信托的合作。这为国内信托业建立更广泛的国际合作机制提供了经验。

再次，中国香港特区在 2013 年对信托法规进行的重大修改表明了法规更新的必要性，以适应信托行业的发展需要。这提醒境内信托法规需要随时调整，以适应时代变革和业务发展的需求。

此外，美国各州自行制定信托法，相互间存在一定差异；这表明境内信托业在法规制定时可以考虑根据地区特点灵活调整，以更好地适应本地需求。

最后，BVI引入的VISTA信托成为境内企业家设立海外家族信托的首选，其灵活性和针对性为境内信托业提供了成功经验的借鉴。

综合而言，境外股权家族信托的法规体系和创新经验为境内信托业提供了法律借鉴、灵活性和国际合作的启示，促使境内信托行业在法规制定和实践操作中不断进行创新和适应变化。对于境内信托业的发展，需要关注税收机制的完善以及在信托机构内设置受托人委员会等问题，以推动行业更好地服务家族企业并促进其长期发展。

05 家族财富与社会公益的桥梁——慈善信托

"

遗嘱信托是兼顾家族财富和精神的载体，
是家族财富传承的后盾。

　　《2024 年度中国慈善信托发展报告》显示，2024 年全国共有 539 单慈善信托新设立备案，新增备案规模 16.61 亿元。截至 2024 年末，我国慈善信托累计备案数量达 2244 单，累计备案规模 85.07 亿元。慈善事业是促进共同富裕的重要力量，是第三次分配的主要方式。在《中华人民共和国慈善法》（以下简称《慈善法》）颁布实施的几年中，我国慈善事业发展取得了新的成绩，社会捐赠收入屡创新高。慈善活动与经济社会发展的关系日益紧密，慈善事业在多层次社会保障体系建设、乡村振兴等领域发挥了重要作用，慈善文化日益深入人心。

什么是慈善信托

慈善信托的定义

从词义角度来看，"慈善"和"公益"这两个词具有一定的差异性。"公益"侧重于说明信托的目的，而"慈善"则强调对委托人行为性质的界定。受到中华传统文化的影响，我国社会民众对慈善的理解更倾向于心怀慈悲之人对贫困疾苦之人的施舍，认为慈善行为完全是利他性的，仅使个体受益。相比之下，公益更注重社会公众的福祉和利益，更加强调"博爱"，偏向于群体性利益和公共福利。公益事业的践行者所实施的公益行为可能使其本身也享有一定的利益，具有一定的利己性，例如个人为所在城市的环保事业做出捐赠的行为，其自身也能从中获益。总之，在东亚国家及地区的文化体系中，普遍认为公益的内涵包含慈善的内涵。

然而，在研究法律制度时，我们应着重关注法律条文本身。我国《信托法》并未明确定义公益信托的概念，仅在第六十条以列举的方式界定了公益信托的范围，并以"其他社会公益事业"作为兜底条款。①由于这种定义方式可能存在遗漏，大陆法系和英美法系国家都习惯于通过列举的方式来界定信托目的的公益性。

《慈善法》第五章第四十四条中规定了慈善信托的概念，第三条同样采用列举式的方式界定了慈善信托的范围。从法律规定来看，慈善信托属于公益信托，

① 张淞纶.民法典时代信托融入的路径选择[J].交大法学，2019（2）：36-46.

立法上并没有对二者进行区分，也没有将它们等同对待。从法律概念上分析慈善信托的表述，理论上应该存在与慈善信托不同的公益信托。然而，从二者的兜底条款以及实质内容来看，它们所要表达的内涵和体现的目的是一致的，即都是实施公益活动和实现公共利益。因此，从以上分析可知，在法律层面上，二者并无实质性差异，只是在形式上的称呼不同。

　　关于慈善信托与公益信托之间的关系问题，首先，我国认为"慈善"和"公益"这两个概念的范畴存在差异，不能等同对待。随着社会的发展进步，英美以及澳大利亚等国家"慈善"的概念范围不断扩大，将更多属于公益范围的活动纳入慈善的范围。为适应这一趋势，我国也将慈善信托的涵盖范围从扶困济贫、仗义疏财以及救孤助残等活动扩展到促进科学、教育、文化与环境保护等涉及公共利益的行为。其次，我国在立法顺序和移植过程中存在技术上的不足。[①]先在《信托法》中引入了公益信托，但由于相关规定导致其发展停滞。随后在制定《慈善法》时又引入了慈善信托，并在公益信托的基础上进行了更具适应性的改进，从而导致了二者关系上的矛盾之处。然而，在内容和实践上，二者基本等同。因此，本书认为严格区分二者没有意义。对于这个问题，可以在之后对《慈善法》和《信托法》进行修订时删除"公益信托"制度，将"慈善信托"作为统一术语，以避免术语和法律适用上的混乱，促使相关行为制度更加规范和标准化。

慈善信托的特征

　　慈善信托具有以下主要特征：

---

① 李文华.完善我国慈善信托制度若干问题的思考 [J].法学杂志，2017（7）：89-97.

第一，信托目的具有公益性。慈善信托以从事慈善公益事业为目的，这是与商业信托有明显区别的关键特征之一。《信托法》和《慈善法》都对慈善的目的和行为进行了清单式的列举，设立慈善信托似乎应从这些清单中选择一个或多个。可以得出结论，慈善信托的目的是服务公共利益，并不要求具有特定性，可以是概括性的。例如，设立慈善信托的目的可以是专门用于扶贫，也可以是既用于扶贫又用于救灾，总之，服务的最终事业必须属于法律中列举的事项。

第二，慈善信托具有不特定的受益人，这在基本结构中属于缺失状态。与私益信托不同，私益信托中有明确的受益人，从而与委托人一同对受托人进行控制；然而，由于慈善信托的公益性目的，其受益人不能特定化，从而导致治理上的不平衡状态，使得受益人所能行使的权力处于空缺状态。因此，需要引入监察人来平衡治理结构。

第三，慈善信托享有税收优惠待遇。从理论上讲，在设立和运行阶段，它都应享受税收优惠政策。慈善信托是委托人无偿将财产交给受托人，最终造福于社会和不特定个人的一种形式。可以说，慈善信托减轻了政府相应的社会治理负担，履行了一定的社会责任。因此，在其财产交易和运作过程中，不应像私益信托那样征收税务，而应给予一定的税收优惠和减免。

第四，慈善信托可以适用近似原则，即以类似的目的继续存在。当慈善信托的某一公益目的过时或无法实现时，可以通过转化为与之相似目的的慈善信托来继续运营，以确保公益事业的连续性。近似原则的适用是慈善信托永续存在的另一种形式，使慈善事业得以持续发展，为社会公众提供持续的福利。[①]

第五，慈善信托不受禁止永续规则的约束。原则上，私益信托不允许永久存

---

① 孙洁丽.慈善信托法律问题研究[M].北京：法律出版社，2019：56-60.

在，并受到禁止永续规则的限制，因为设立旨在追求私人利益的私益信托可能违背公序良俗。然而，慈善信托以公益为目的，因此不受禁止永续规则的限制。公益事业具有延续性和长期性，而慈善信托的永久存在更符合其自身发展规律，有助于实现设立时的目标，将信托财产持续用于公益事业，从而更好地造福整个社会。

综上所述，慈善信托的特征决定了其与私益信托在治理结构和制度安排上存在差异。由于其公益目的和受益人缺位的独特性，监察人制度在慈善信托中发挥着尤为重要的作用。

慈善信托的主要模式

下面将主要介绍和分析慈善信托的几种主要模式及其特点。

第一种是信托公司作为单一受托人+慈善组织担任项目执行人模式。这种模式的结构如图 5-1 所示。

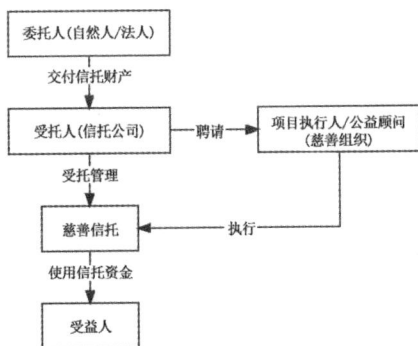

图 5-1　信托公司作为单一受托人 + 慈善组织担任项目执行人模式

《慈善法》实施后，信托公司与慈善组织一样，被明确列为可以担任慈善信托受托人的主体。在这种模式下，委托人将信托财产交付给信托公司，由其作为唯一受托人设立慈善信托。[①]信托公司具备日常运营和管理慈善信托财产，并使其保值增值的专业能力。然而，信托公司不属于非营利性社会组织，无法开具公益事业捐赠票据（以下简称"捐赠票据"）。通常情况下，会引入《慈善法》中规定的慈善组织，由信托公司聘请慈善组织担任项目执行人或公益顾问并进行慈善决策，以实现享受税收优惠的效果。

一般而言，该模式适用于委托人捐赠资金数额较大，并希望利用该笔资金长期、持续地从事公益活动的情况。通过信托公司较好地实现信托财产的保值增值后，由信托公司将信托财产用于慈善活动，不会受到类似于慈善基金会每年慈善支出的最低比例要求的限制，因此可以在慈善组织的协助下实现慈善事业的长远规划。

另外，就税收而言，在实践中，慈善组织能否在该种模式下向委托人开具捐赠票据存在一定的不确定性。例如，如果以信托财产为资金且未流转到慈善组织的主体账户中，而是由信托公司直接划转至资助对象的账户，则难以开票（在委托人无须发票的小额慈善信托中，可以考虑采取此种模式）。有些项目采用先由信托专户将资金划转至慈善组织账户，再由慈善组织划转至受益人的操作方式。然而，由于资金来源为慈善信托资金专户而非委托人，慈善组织能否直接向委托人开票仍然存在疑问。[②]

2022年3月15日，杭州市民政局、财政局、税务局和浙江银保监局联合印发了《关于通过慈善信托方式开展公益性捐赠有关问题的通知》。通知规定，如果慈善信托的受托人将信托财产用于慈善捐赠活动，并依法接受该信托财产并将其用于

[①] 周乾.共同富裕下信托公司受托慈善信托的激励机制[J].东方法学，2022（3）：96-114.
[②] 徐卫.信托融入民法典的逻辑理据与体例选择[J].交大法学，2019（2）：47-65.

公益性事业捐赠的公益性单位，在委托人与受托人协商一致后，可以向提供捐赠的自然人、法人和其他组织开具公益性事业捐赠票据。3月30日，在杭州市民政局备案的一单名为"浙金·大爱无疆1号"的慈善信托中，浙金信托担任受托人，微笑明天慈善基金会担任执行人，后者向该慈善信托的委托人开具了捐赠票据，这是全国首张有相关文件支持的执行人向委托人开具的票据。目前，部分地区的民政部门基于穿透原则对此种操作予以认可，国家层面相关政策的实施指日可待。

第二种是慈善组织作为单一委托人或与捐赠人作为共同委托人+信托公司作为受托人模式。这种模式的结构如图5-2所示。

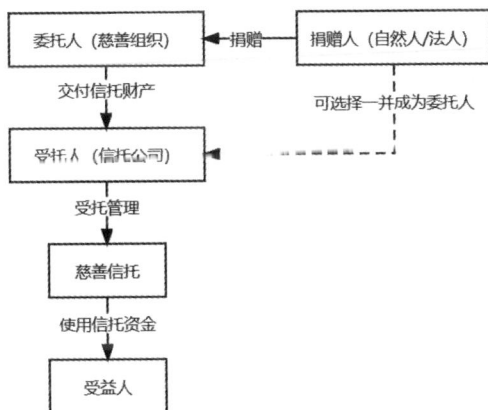

图5-2 慈善组织作为单一委托人或与捐赠人作为共同委托人 + 信托公司作为受托人模式

在这种模式下，捐赠人可以选择将善款预先捐赠给慈善组织，由慈善组织作为委托人统一交付给信托公司，并由信托公司担任受托人。另外，捐赠人也可以选择与慈善组织共同作为委托人，更深入地参与信托运营和慈善项目的执行。[1]

---

[1] 季奎明. 历史、议题与展望：中国信托业、信托法四十年[J]. 证券法苑，2019（1）：156-183.

在这种模式中，如果捐赠人先行向慈善组织实施捐赠，就涉及"慈善捐赠＋慈善信托"两项法律关系。根据当前的税收政策，自然人或法人需要满足以下三个条件才能获得税前扣除：首先，通过公益性社会组织或国家机关进行捐赠；其次，捐赠的目的是用于法律规定的慈善活动和公益事业；最后，取得公益事业捐赠票据作为凭证。在前期捐赠环节，慈善组织作为公益性社会组织接受无偿和自愿的捐赠行为，并向捐赠人开具捐赠票据，从而符合上述三个条件。因此，相对于信托公司作为单一受托人的模式而言，这种模式以较低的合规风险来获得税收优惠，并具有一定的优势。

第三种是慈善组织作为单一受托人模式。这种模式的结构如图 5-3 所示。

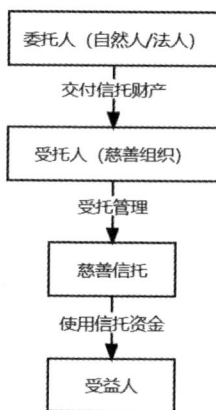

图 5-3　单一受托人模式

在这种模式中，委托人直接将信托财产交付给作为受托人的慈善组织，由慈善组织负责管理和开展慈善活动。[①]慈善组织在慈善事业运作方面具有经验和资

---

① 黄明飞.慈善信托，回归信托制度本源价值[J].中国农业会计，2021（2）：22-24.

源的优势，并且可以通过其影响力和社会地位推动慈善事业的发展，从而增强委托人的公信力。早在 2016 年 12 月 27 日，我国首个由慈善组织担任单一受托人的慈善信托"北京市企业家环保基金会 2016 阿拉善SEE公益金融班环保慈善信托"成功完成备案，备案期限为 10 年。

　　然而，与其他几种模式相比，由慈善组织担任单一受托人的情况在实践中仍然较少。我们理解，这主要是因为慈善组织在信托财产管理和运用方面的能力相对较弱，而且现行法律中缺乏关于慈善组织在银行开立信托专户的相关配套制度，导致信托财产的独立性难以保证。在一些地区，由于慈善组织无法提供开设慈善信托专户的相关材料，备案申请可能会被拒绝。

　　第四种是双受托人（信托公司+慈善组织）模式。这种模式的结构如图 5-4 所示。

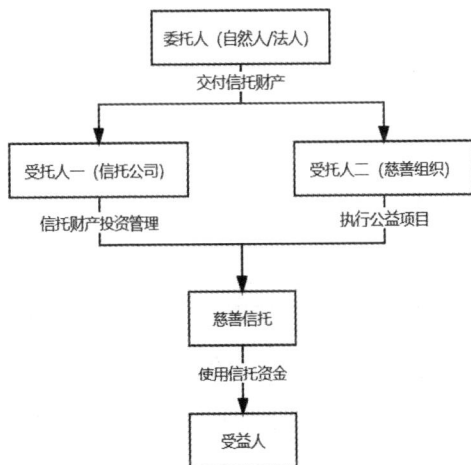

图 5-4　双受托人（信托公司 + 慈善组织）模式

这种模式中，信托公司和慈善组织共同担任受托人，通过在信托协议中明确各自的权利、义务和风险范围，实现双方各司其职。信托公司负责财产管理和增值，而慈善组织负责公益项目运作。根据 2022 年所有慈善信托机构的统计数据，双受托人模式的慈善信托数量增长最快，并且通常是地方已有的慈善组织与大型信托公司合作共同担任受托人。桐庐县不动产慈善信托就采用了这种双受托人模式。

此外，值得注意的是，根据《信托法》第三十二条规定，共同受托人对外承担连带清偿和赔偿责任。作为责任共同体，信托公司和慈善组织相互约束和监督，从而最大限度地避免一方受托人利用对信托财产的支配地位损害受益人和委托人等的权益。

境外慈善信托现状

英国慈善信托立法现状

慈善信托起源于英国，在英语中被称为"charitable trust"。通过研究英国的慈善历史，我们可以发现教会是慈善事业的发源地。由于教会收到的捐赠财物种类繁多，英国并未在法律上对慈善做出全面的定义。然而，缺乏明确的法律规定可能导致极大的不确定性。1891 年，麦克诺顿勋爵在彭塞尔案例的里程碑式演讲中完善了慈善的概念，即法律意义上的"慈善"包括四个主要部分：帮助贫困的信托、致力于教育和培训的信托、促进宗教发展的信托以及其他有益于社区的信托，但不包括上述任何机构。换句话说，麦克诺顿勋爵对"慈善"的理解不仅仅局限于救济贫困和苦难的人们，还包括对教育、宗教以及社区有益的奉献行为。

案例【中世纪英国国民慈善信托：规避英王"没收条例"】

13世纪的英国有很多人信仰基督教。基督教徒们认为在去世时把自己的土地捐赠给教会的话，死后就可以进入天堂。于是越来越多的教徒开始捐赠土地。由于在这之前的法律规定教会的土地是免税的，因此当时的国王亨利三世收到的税越来越少。这当然不是他愿意看到的，于是他在执政期间就颁布了一项法令，规定未经他同意任何人不允许再把土地捐给教会，否则土地将被官方没收。于是教徒们就想办法来规避这项法律的规定。他们的具体做法是：有土地的教徒生前立下遗嘱，把土地赠与第三人持有，在遗嘱中明确土地赠与的目的是要教会对土地有"用益权"，要求第三人把所有产生的收益交付教会。这样就完美规避了国王的没收条例，解决了这个问题。因为当时英国很多大法官也都是基督教徒，他们也很认可这种制度，后来这种制度在英国就被越来越多地使用起来，尤其是在慈善领域。这就是现代信托制度的雏形，立下遗嘱的教徒相当于信托的委托人，第三人相当于受托人，教会就是受益人。

在长期的发展历程中，英国在慈善信托领域形成了独特的制度。

首先是慈善委员会制度。

在英国的慈善事业发展史上，慈善委员会扮演着举足轻重的角色，自1853年成立以来，已有150多年的历史。2006年英国《慈善法》对慈善委员会进行了全面规定，重新定位了其角色，并建立了独特的慈善委员会制度。[①]

---

① 王涛.英国慈善信托监管制度及启示[J].社会科学战线，2019（10）：207-216.

其次是适度宽松的注册登记制度。

在英国，慈善组织的注册登记既是一项义务，也是一种权利。根据 2006 年《慈善法》的规定，任何年收入超过 5000 英镑的慈善组织都必须在慈善委员会进行注册登记。政府出台了税收、财政和业务帮扶等优惠政策来督促慈善组织完成注册登记。政府对登记的慈善组织免征大量直接税，且给予它们财政优惠政策，并且慈善委员会为它们提供具体的业务帮助。①

再次是多样化的慈善基金组织制度。

慈善机构在英国的公民社会组织中占有主导地位，其组织形式多样，包括协会、信托机构和公司等。由于英国缺乏明确的《慈善法》规定，协会和信托机构等都可以作为慈善机构的组织形式。总体而言，主要有两种组织形式：非法人组织和法人组织。非法人组织仅牵涉个人，无须注册，个人承担组织债务。慈善信托是非法人组织的典型案例。法人慈善机构指具备法人资格的慈善组织，以自愿无偿地对受益人提供帮助为目的。英国《慈善法》中规定了两种主要的法人慈善组织形式。

最后是严密的基金募集制度。

基金募集活动在慈善活动中扮演着至关重要的角色，因为慈善基金是进行慈善活动的基础。只有募集到足够的慈善基金，慈善组织才能获得强大的财务支持，从而有效地开展慈善活动。因此，完善的基金募集制度在《慈善法》中应该占据重要地位。在英国现行的《慈善法》中，基金募集制度被单独列为一章，并对其做出了相当严格的规定，以严格规范慈善组织的筹款募捐活动。

英国在慈善信托的监管方面，实行由一个全国性的慈善信托委员会统一监督

---

① 张霞. 论英国现行慈善立法的特征及当代中国借鉴——从壹基金的困境谈起[D]. 太原：山西大学，2012.

和管理的制度。几乎所有与慈善信托相关的问题都由该部门负责处理。委员会成员通常由 6 人组成，并在委员会内部设立了专门的部门来监管慈善信托。此外，监管部门还可以任命慈善信托的受托人职位。正如上文所述，慈善信托委员会还享有监察权，可以要求解释和说明会计账本、相关报表等相关资料。当受托人违反委托人的要求，抽离或非法挪用信托财产时，委员会可以采取必要措施以避免进一步的损失，并有权撤销受托人的职务或更换新的受托人。至今，英国的慈善信托制度仍然由慈善信托委员会全权负责监管。然而，随着社会的不断发展，英国对慈善的定义也在不断丰富和完善。

案例【诺曼家族双委员会慈善信托：独特的机制设施】

诺曼家族慈善信托在英国的家族慈善信托体系中具有代表性。诺曼家族企业创立于 1939 年，创始人是肯·诺曼。家族起初经营商品零售，随后逐步发展成为涉及餐饮、运输、家庭用品、园艺等领域的多元化企业。肯的妻子、儿子以及两个妹妹都参与了家族企业经营。1979 年他和妻子准备退休，于是出售了自己的家族企业，创立了诺曼家族慈善信托基金（Norman Family Charitable Trust）。信托的捐赠业务范围非常广泛（信托设置了禁止资助范围，如不资助动物实验、不资助宗教项目、不资助英国以外的项目、不进行个人资助等），迄今已发放了 1 万多笔赠款。

诺曼家族慈善信托采用了多个自然人担任受托人的方式（家族成员是受托人之一），所有受托人每季度定期组织受托人会议，对信托的重大事宜进行讨论。当部分自然人退休、辞任无法担任受托人时，信托将遴选新的受托人。另外，信托的治理上采用了双委员会的治理机构，即捐赠委员会和投资委员会。

捐赠委员会现由一位委员会主席和四位其他受托人组成，捐赠委员会负责授权金额在 5000 英镑以上的捐赠（需委员会主席和全体委员签字），5000 英镑以下的捐赠则在每个季度的受托人集体会议中向全体受托人及委员会委员报告即可。

投资委员会现由一位委员会主席和两位其他受托人组成，投资委员会将对信托的投资行为进行监督和评估，该委员会可授权金额在 5000 英镑以上的金额支出。任何信托的重大投资建议和策略变更都需要在季度受托人集体会议中进行讨论并通过。同时，每年该委员会还会对次年的投资风险进行评估，对持有的资产组合进行调整，信托投资的资产组合较为保守，主要为产生稳定现金流的金融产品。

信托对受赠慈善组织的尽职调查和信息披露要求也较为严格，慈善组织在向信托申请资助前，需要填报详细的信息报表；如果是金额较大的项目，信托的受托人还将亲赴现场进行尽职调查。信托还要求接受捐赠的慈善组织通过图片和报表等形式定期进行信息披露，如资助金如何使用、产生怎样的影响等。

美国慈善信托立法现状

美国起初是英国殖民地，法律制度继受英国普通法，英国传统信托观念也被带入美国。

在慈善信托的设立上，美国采取较为宽松的登记制度。受托人只需提前向州检察长登记相关事项，慈善信托即可成立。在实际运营过程中，受托人还需定期向州检察长报告慈善信托的财产运用情况等事项。然而，值得注意的是，未经必要登记并不意味着慈善信托未生效，只是无法享受税收优惠措施。因为登记并非美国慈善信托成立的必要条件，而是享受税收优惠的必要条件。此外，为了方便州检察长监管慈善信托，通过登记，公众也能了解慈善信托项目的相关情况，这也是一种社会监管方式，共同避免受托人在运营中做出损害信托财产的不当行为。

案例【石油大亨保罗·盖蒂慈善信托：神奇的博物馆信托】

保罗·盖蒂慈善信托是美国最具代表性的慈善信托基金之一。它由20世纪60年代的美国首富、石油大亨保罗·盖蒂所设立，目前仍管理着超过132亿美元的资产。保罗·盖蒂从1948年开始把自己的个人收藏品捐给洛杉矶艺术博物馆，并于1953年建立了保罗·盖蒂博物馆信托基金。1976年保罗·盖蒂去世，经过数年的遗产清算，他的大部分个人财产于1982年转移至该信托基金，1983年该信托基金正式更名为保罗·盖蒂信托基金（J.Paul Getty Trust）。

保罗·盖蒂信托基金的宗旨是通过保育工作、刊物出版、展览、资助计划、培训计划及其他努力，向各年龄层的观众普及艺术知识。该信托基金资助建设了保罗·盖蒂博物馆（位于太平洋帕利塞德斯的别墅）和盖蒂中心（位于布伦特伍德），完成了博物馆收藏品的扩充。

由于保罗·盖蒂信托管理着超过130亿美元的巨额资产，信托的综合治理结构非常完善。信托设置了由受托人委员会、理事会、执行委员会、文物审查委员会、审计委员会、薪酬委员会、发展与对外事务委员会、财务委员会、治理委员会、投资委员会组成的相互协同、相互制约的治理系统。

其中受托人委员会是慈善信托的权力和监督机构，理事会是慈善信托的管理机构。受托人通过担任理事会委员或通过理事会各个委员会，制定有关支出、管理、治理、专业标准、投资和资助的政策。他们还监督内部和外部审计人员，选择主席和高级职员，并审查所有高级职员的业绩和薪酬。理事每届任期四年，任期不得超过三届。执行委员会由主席、副主席、常务委员会主席和常务委员会组成。委员会有权在理事会职权范围内采取任何行动，并在下次理事会会议前，向理事会汇报有关行动。文物审查委员会负责协助理事会审查所有拟采购的艺术品、收藏品、价值材料的提议，以确保符合盖蒂信托的宗旨和相关的法律及道德标准。审计委员会协助财务委员会履行其与管理惯例、内部控制、会计政策、审计和报告惯例有关的职责。薪酬委员会负责协助理事会履行管理职责，制定和监督信托基金的整体薪酬和福利政策。发展与对外事务委员会致力于协助理事会建立一种和谐的外部环境，提高和维持信托基金及相关机构的良好声誉，推动信托基金发展，使之与盖蒂的意愿相匹配。财务委员会协助理事会履行其在信托基金中的预算事项、财务管理和政策以及资本支出方面的监督职责。治理委员会协助理事会履行其在管理信托事务方面的职责，并确定和向理事会推荐可担任受托人的候选人。投资委员会协助理事会履行其职责，以监督和检查信托基金的投资计划表现。

日本慈善信托立法现状

日本是大陆法系国家的典型代表。尽管日本移植了西方关于慈善信托的相关法律，但并非直接吸纳，而是根据自己的法系和国情进行了改良。与英美法系国家不同的是，日本没有一个全国统一规定的慈善信托监管部门。换句话说，日本的慈善信托事业并不是由一个固定的机构全权监管的，而是根据公益项目的类别不同，由不同的主管部门进行专业的、有针对性的监管。例如，设立教育方面的慈善信托项目由主要负责教育的政府部门进行监管；若是信托目的是医疗卫生方面，则由政府中负责医疗卫生的部门负责监管。这种做法带来一个巨大的好处，即专业化监管。不同部门可以针对自己了解的项目进行更加专业化的监管。上述的慈善信托主管部门除了享有变更撤销权外，还享有审批权。日本法律明确赋予监管部门变更慈善条款的权利。当受益人满足法律规定的条件时，监管部门可以变更慈善条款。当受托人做出严重危害信托财产的行为时，监管部门有权变更受托人，以减少慈善财产的进一步损失。

韩国慈善信托立法现状

韩国慈善信托制度起步较晚，但得益于日本、英国等国家奠定的基础，在法律移植和实际运营中逐步建立了一套符合国情的完备的慈善信托监管体系。韩国的慈善信托也实行许可主义，即由不同主管部门根据信托项目的特点实施专业性强的监管措施。在慈善信托的运营过程中，监察机关除了行使监察权外，还有权撤换严重损害信托财产利益的监管部门受托人，以保障慈善信托财产不再遭受损失。

韩国借鉴了日本的第三方监察制度来补充对慈善信托的监管。第三方监察人享有知情权，可以了解相关慈善信托的具体事项。受托人在涉及变更慈善信托名称和具体运用慈善信托财产时，都需要征得第三方监察人的同意。当受托人已经损害了信托财产并导致受益群体利益受损时，第三方监察人可以向法院提起有关受托人赔偿的诉讼，请求法院判决受托人承担损害信托财产的法律责任，从而阻止不法行为对受益人或公共利益造成重大影响。如果发现受托人已经转移了慈善信托的财产，第三方监察人可以介入并要求受托人赔偿这部分损失。如果受托人拒绝赔偿，第三方监察人可以将其起诉至有管辖权的法院进行法律制裁。

境内慈善信托现状

境内慈善信托立法现状

我国古代虽然没有在法律层面对慈善信托做出规定，但是很多古人在德治天下的儒家思想影响下所采用的处置自己财产的方法和手段都蕴含着慈善信托的雏形，如前文所述的范氏义庄，便蕴含着慈善信托理念的雏形。归根溯源，慈善信托在中国或许并不能算一个舶来品。

范仲淹晚年时将老家苏州自己名下的 1000 多亩田地捐出，设立范氏义庄，并且定下 13 条族规，以保障范氏家族成员的生老病死、婚丧嫁娶、教育和科举所需费用。该义庄的核心原则是农田只可出租，不可出售或典当。同时义庄设有专门的管理人负责经营管理，族人有权检举管理人的不公行为。什么是义庄？英国汉学家崔瑞德认为，义庄"是一个以宗族名义持有的信托财产"（trust properties held in the name of a clan），这些财产是家族成员的慈善捐赠，并具有法律上的"不能让渡"（inalienable）的关键特质。虽然历经风云起伏，朝代更迭，但范氏义庄到了清朝宣统年间仍拥有田地 5300 亩，且运作良好，前后存续长达 900 年，并且后世子孙中诞生了 80 名状元和 400 名进士。

时间步入现代，我国于 2001 年 10 月 1 日实施了《信托法》[①]，成为世界上制定国内信托法的国家之一。此外，作为大陆法系特色国家，我国在民事立法中突破了传统民法和合同法的框架，采用了英美法系的信托立法体制。2007 年 3 月 1

---

① 蔡概还，陈进. 发展家族慈善信托 解决家族企业管理与传承痛点 [J]. 中国银行业，2019（4）：
93-95.

日，我国废止了原《信托投资公司管理办法》，实施了《信托公司管理办法》。然而，我国的主要公益慈善基金并非像欧美一样采用信托模式管理。[①]委托信托公司运营的情况较少，资金的积累、发展和能力相对薄弱，完全符合《信托法》规定的公益信托更是寥寥无几。

宪法方面，全国人民代表大会制定的《中华人民共和国宪法》第三十五条规定："中华人民共和国公民有言论、出版、集会、结社、游行、示威的自由。"公民的结社自由是成立各种慈善组织的宪法权利基础。

其他法律方面，有《中华人民共和国公益事业捐赠法》、1993 年颁布实施的《中华人民共和国红十字会法》（以下简称《红十字会法》）以及 2016 年颁布的《慈善法》。

行政法规方面，国务院于 2004 年颁布实施了《基金会管理条例》，此外，国务院还于 1989 年颁布了《关于加强华侨、港澳台同胞捐赠进口物资管理的若干规定》，并在 2016 年修改了《社会团体登记管理条例》，2000 年制定了一个《关于完善城镇社会保障体系的试点方案》的文件，以促进慈善基金的发展及对免税政策开展试点。

部门规章方面，民政部于 1999 年颁布了《社会福利机构管理暂行办法》。财政部、国家税务总局、海关总署于 2001 年颁布了《扶贫、慈善性捐赠物资免征进口税收暂行办法》，此外还有 2002 年颁布的《中华慈善总会专项基金管理办法》、2005 年颁布的《基金会年度检查办法》及 2007 年颁布的《全国性民间组织评估实施办法》等。[②]

---

① 周贤日.慈善信托：英美法例与中国探索[J].华南师范大学学报（社会科学版），2017（2）：116-132.

② 朱孟琳.试论完善我国慈善基金会监管的法律对策[D].苏州：苏州大学，2013.

此外，省、自治区、直辖市的立法机关根据本地的实际情况而制定的地方性法规、自治条例和单行条例，不得违背宪法、法律及行政法规的要求，其效力仅适用于所辖区域，如广东省于 1994 年颁布的《广东省基金会管理条例》、上海市于 2000 年颁布的《上海市慈善基金管理办法》、山东省于 2021 年颁布的《山东省慈善条例》等①。

境内慈善信托应用现状

在我国《慈善法》出台之前，慈善信托的设立和应用非常有限。然而，随着《慈善法》的实施，慈善信托监管机关不明确的问题得到了根本解决。根据法律规定，我国的慈善信托监管由县级以上民政部门负责。2017 年，银监会、民政部联合发布了《慈善信托管理办法》（以下简称《办法》），进一步明确了银监会对慈善信托的监管职责。这两个部门根据自己的专业领域对慈善信托进行各自的监管。《办法》规定："银行业监督管理机构负责信托公司慈善信托业务和商业银行慈善信托账户资金保管业务的监督管理工作。县级以上人民政府民政部门负责慈善信托备案和相关监督管理工作。"这些文件和相关法律的颁布预示着我国慈善信托行业由双主体进行监管的开始，为慈善信托提供了全方位的监督和管理。

结合境外的经验，《慈善法》出台的慈善信托相关规定取消了审批制度，避免了过于烦琐的审批流程。一旦履行了登记手续，慈善信托即可成立。与以往相比，慈善信托受托人资格准入条件也适当放宽，这有利于更多的信托公司和慈善机构设立慈善信托。在具体程序方面，《慈善法》禁止委托人以口头形式设立受

---

① 朱孟琳.试论完善我国慈善基金会监管的法律对策 [D].苏州：苏州大学，2013.

托人，要求必须采取书面形式，并通过签署委托文件进行正式确认。受托人在签订正式文件一周内需到民政部门进行备案登记。尽管新《慈善法》取消了审批制度，但在《慈善法》和《办法》中对设立的规定仍然相对完整。作为主要的慈善信托监管部门，民政部在慈善信托管理中负责登记和日常信息公布等工作。在受托人资格方面，规定了两类群体可以担任受托人，即合法的信托公司或合法的慈善组织。依法成立后，受托人需要履行相关义务，并定期向监管部门报告相关事项以接受监管。

此外，新《慈善法》对慈善信托监察人的制度也有所改进，改变了过去强行要求设立第三方监察人的制度，将此权利赋予委托人，由其自主选择是否引入第三方监察人。

《慈善法》和《办法》共同规定了银监会（现为银保监会）和民政部有权对慈善信托进行监管，但并未具体规定如何协同工作。缺乏明确的分工使得相关部门在自己专业领域内难以发挥最大效能。作为当前慈善信托监管的重要部门，民政部需要全面、系统地了解所有慈善信托项目类型和具体工作内容。然而，在实际操作中，民政部对慈善信托具体项目的认知程度不够，缺乏专业性。这主要是因为慈善信托涉及多个领域的知识和内容，仅靠民政部一个部门很难做到事无巨细地监管。例如，根据法律规定，受托人向民政部门报告财产使用情况由民政部门自行审查是否合理。但由于民政部门对慈善信托项目涉及的有些领域并不了解，无法准确判断财产使用是否合理。这也导致受托人对监管机关的信息披露制度成为形同虚设的制度，民政部门无法从专业角度分析合理性，也无法及时采取相关措施避免慈善信托财产的损失和滥用。

两个部门（民政部和银保监会）之间缺乏协同机制，实践中无法充分发挥各自优势，专业监管难以达到预期效果。此外，尽管银保监会也享有慈善信托监管权，但在法律层面上并未完全确认此权利。没有明确的法律规定银保监会是辅助民政部监管慈善信托，还是与民政部具有同等地位的慈善信托监管机构。这导致银保监会在行使权力时处于尴尬的地位，法律并未明确规定银保监会在实践中如何行使权力，这大大限制了银保监会在慈善信托监管领域专业性功能的发挥。

案例【河仁慈善基金：中国第一家以股票创办的全国性非公募基金会】

河仁慈善基金会是全国唯一经国务院审批、以上市公司股票为信托资产创办的全国性非公募基金会。

该基金会由福耀玻璃创始人曹德旺先生于 2010 年 6 月在民政部登记设立。2011 年，曹德旺先生向河仁基金会捐赠福耀集团 3 亿股股份，当时价值为 35.49 亿元。

在河仁慈善基金会成立之前，我国并没有直接以股权捐赠设立基金的先例，因此体制上的不便给这一股票捐赠成立基金会的想法带来了无法避免的挑战。实际上，自 2009 年起，曹德旺先生就萌生了以股权捐赠的形式设立基金会的想法，并向民政部递交了申请书。根据现行《基金会管理条例》的规定，非公募基金会的原始基金必须为到账货币资金，这给该基金会带来了注册、纳税以及上市公司控股股东等多个待解决的难题。

然而，为了促成这次基金会历史上的创新之举，国务院法制办公室、国务院侨务办公室、财政部、国家税务总局、证监会等单位组成了联合调研组。同年 10 月，财政部发布了《关于企业公益性捐赠股权有关财务问题的通知》，其中规定："企业以持有的股权进行公益性捐赠，应当以不影响企业债务清偿能力为前提，且受赠对象应当是依法设立的公益性社会团体和公益性非营利的事业单位。企业捐赠后，必须办理股权变更手续，不再对已捐赠股权行使股东权利，并不得要求受赠单位予以经济回报。"

曹德旺先生原计划将其家族持有的上市公司福耀玻璃工业集团股份有限公司（下称"福耀玻璃"）70%的股份用于成立慈善基金会，但因捐赠该等份额将触动全面收购要约，所以，曹德旺先生将捐赠股份数下调为3亿股，不超过15%。

基金会基本架构如图5-5所示。

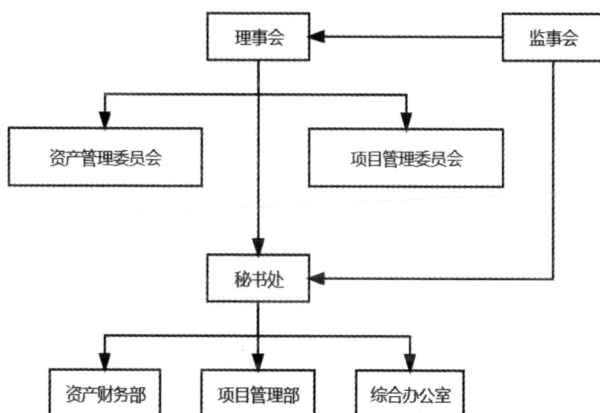

图5-5　河仁慈善基金会组织架构

河仁慈善基金会的运作方式与其他基金会有所不同，它采取了理事会领导下的秘书长负责制，并定位为资助性慈善基金会。该基金会邀请了13位知名人士担任理事，负责决策基金会的所有重大事项。同时，监事会负责对理事会的决策进行监督。

为确保基金会的有序运作，它聘请了会计师事务所参与审计工作，并每年定期公开审计报告和慈善项目名单。河仁基金会在预算和财务管理、慈善项目管理、资产直接项目投资以及间接项目投资方面都设有独立的管理机构。它秉承着"公开、公正、公平"的原则，采取与国际上市公司类似的规范化管理，定期公开审计报告和慈善项目名单。

然而河仁慈善基金会也面临着设立的困境。首先原始基金必须是到账货币资金。根据《基金会管理条例》的规定，非公募基金会的原始基金不得低于200万元，且必须为到账货币。这一规定使得曹德旺先生以股权捐赠设立基金会的设想难以实现，因此他只能以现金出资2000万元注册河仁慈善基金会。此外，根据我国现行法律规定，用于注册基金会的原始资金无法撤回，也不允许将注册资金用于其他用途。因此，尽管河仁基金会名为以金融资产（股票）创办的全国性非公募基金会，但其本质上仍是以货币为原始资金成立的基金会。股权捐赠实际上属于该基金会接受捐赠的模式创新。

其次是捐赠股权无法享受税收优惠。河仁慈善基金会是由曹德旺先生于2010年发起注册成立的。然而，根据2008年国家税务总局发布的《关于企业处置资产所得税处理问题的通知》，企业将资产用于对外捐赠，应按规定视同销售确定收入。因此捐赠人需要缴纳所得税。根据《中华人民共和国企业所得税法实施条例》规定，企业发生的公益性捐赠支出，不超过年度利润总额12%的部分可以准予扣除。其中，公益性捐赠的受赠人是指具有公益性捐赠税前扣除资格的基金会、慈善组织等公益性社会团体。然而，河仁慈善基金会直到2014年5月才获得公益性社会团体捐赠税前扣除资格。因此，市值超过35亿元的股权将被视为销售收入，由于当时河仁慈善基金会尚未取得税前扣除资格，曹德旺先生需要缴纳超过5亿元的巨额税款。

在2010年10月，国务院发布了《关于曹德旺夫妇控股企业向河仁慈善基金会捐赠股票有关企业所得税问题的通知》，特别批准了曹德旺夫妇控股企业在基金会设立后的 5 年内缴纳全部应缴税款。尽管这一通知在一定程度上减轻了 5 亿税负的压力，但在当时仍然凸显了我国对慈善事业税收优惠政策的不足之处。

最后是触发要约收购的问题。曹德旺本希望向基金会捐出 7 亿股股份，但这样会使得基金会成为福耀玻璃的最大股东。为了避免触发基金会的强制要约收购义务，曹德旺将股权捐赠额度减少到 3 亿余股。

早在曹德旺之前，蒙牛创始人牛根生就向其成立的老牛慈善基金会捐赠了其持有的全部蒙牛股票。

案例【牛根生：中国第一个捐出自己所有股份的企业家】

牛根生在 1999 年无市场、无工厂、无奶源的困境下创办了蒙牛乳业，并在 7 年间创造了年均增长 158% 的"蒙牛速度"。在牛根生的带领下，蒙牛于 2004 年 6 月 10 日在香港上市。同年，牛根生在内蒙古成立"内蒙古老牛公益事业发展促进会"这一社团组织。也是在这一年，《基金会管理条例》出台。不过牛根生开始操作成立基金会时，该条例尚未出台，经过咨询有关部门及律师等意见，先成立了内蒙古老牛公益事业发展促进会。而紧接着在 2005 年，牛根生便对外宣布将个人持有的所有蒙牛股份捐赠到老牛基金会（前身是内蒙古老牛公益事业发展促进会）。纵观中国慈善的发展历史，做慈善的企业家很多，但是全部交给慈善基金会的企业家并不多。牛根生则是中国第一个，也是截至目前唯一一位捐出自己所有股份的企业家。

在中国，慈善信托的设立和运营受到《信托法》、《慈善法》和《慈善信托管理办法》等多重法律规制。根据《信托法》第七条、第十四条等相关条款，信托财产是指委托人在设立信托时合法拥有的财产，以及受托人因承诺信托而取得的财产和管理运用、处分该财产所获得的财产。此处所指的财产包括合法的财产权利。尽管现行法律没有明确界定慈善信托财产的范围，但一般认为可以参考《慈善法》第三十六条对慈善捐赠财产的定义进行解读。该条规定，"捐赠财产包括货币、实物、房屋、有价证券、股权、知识产权等有形和无形财产"，因此，上述几种类型的财产理论上都有可能成为信托财产。

根据国家公布的相关数据，目前在中国，现金类慈善信托财产仍然占据主导地位。尽管不动产和股权具有一些优势，但由于其特殊的管理和登记要求，它们的出现时间远远落后于现金类信托财产。其中，首单股权慈善信托是 2017 年 4 月设立的"国投泰康信托 2017 年真爱梦想 2 号教育慈善信托"，总规模为 48 万元，备案期限为 9 年；而首单不动产慈善信托则是 2023 年 4 月设立的"'余善一号'不动产慈善信托"，以房屋使用权为信托财产设立，备案期限为 10 年。

在实践中，委托人通常可以根据自身的需要以及财产的规模和类型来选择设立信托的财产。在推动慈善事业方面，非现金类财产具有传统现金类财产所不具备的优势。例如，基于不动产权利期限长、权属稳定、管理方便的特点，受托人可以将房屋出租所得的租金收益用于慈善捐赠活动，也可以将房屋使用权直接作为资助手段，帮助有特定需求的受益人，从而增加慈善信托的灵活性。类似地，股权信托不仅在增值保值方面具有一定潜力，还能让企业家在交付股份的同时继续维持对目标企业的实际控制，以实现公益慈善与企业治理并行推进。

慈善信托与慈善基金的比较

基本特性比较

慈善基金属于基金会的一种，基金会具有以下基本特性。

第一，基金会是非营利社会组织，具有法人地位。[①]

根据规定，基金会应具备自己的名称和住所、明确的宗旨和业务范围、组织章程、必要的财产以及符合条件的组织机构和负责人，并拥有开展慈善活动所需的专职工作人员。

对于捐赠人而言，一旦财产捐赠给基金会，所有权将转移至基金会。捐赠人与慈善基金会是相互独立的，前者只能通过参与章程制定或在理事会中占有一定席位来有限地表达自己的意愿。

第二，基金会采用登记管理机关和业务主管单位双重管理机制。

基金会属于公益慈善组织的一种，属于我国社会组织管理中俗称的"三类组织"。三类社会组织包括社会团体、民办非企业单位和基金会，这三类组织可以直接向县级民政部门申请登记成立。此外，随着 2016 年《慈善法》的出台，登记主管机关进一步下放，地区性慈善基金会的登记由县级以上民政部门负责。

慈善信托具有以下基本特性。

第一，慈善信托只是一种契约关系。

慈善信托是一种独特的法律结构，旨在实现慈善目的，以社会不特定人群为

---

① 高志宏.非营利性原则抑或公益原则——围绕我国《慈善法》第 3 条、第 4 条慈善的界定和特质展开 [J].政治与法律，2023（12）：141-156.

受益人，并采用信托作为手段。然而，它并不具备法人资格。慈善信托具有资产隔离的特性，一旦委托人将财产交给受托人，该财产将独立于委托人、受托人和受益人。一个慈善信托必须包含委托人、受托人和受益人这三个主体，根据具体情况还可以增加监察人、投资顾问、保管人和项目执行人等角色。

第二，慈善信托主管机构。

慈善信托的主管机构是民政部。受托人可以由慈善组织或信托公司担任。如果同一慈善信托有两个或更多的受托人，委托人应确定其中一个主要担负受托管理责任的受托人进行备案。

设立比较

从设立目的来看，基金会和慈善信托都需要满足《慈善法》定义的慈善活动范围。两者的差异体现在 8 个方面，如表 5-1 所示。

表 5-1　慈善基金与慈善信托的设立比较

比较难度	慈善基金	慈善信托
设立门槛	有最低资金要求	无最低资金要求
设立财产形式	到账货币资金	多元化财产
设立流程	复杂	简便
决策机制	理事会作为决策机关	由受托人根据信托合同约定
监督机制	必须设立监事	委托人自行决定是否设立监察人
慈善支出	有年度慈善活动支出的最低规定	暂时没有强制支出的规定
运营成本	运营成本高	运营成本低
税收优惠	可参考公益性捐赠享有税前扣除带来的税收优惠	税收优惠尚不明确

第一是设立门槛。

就设立门槛而言，基金会的最低资金要求为200万元，全国性公募基金会不低于800万元，地方性公募基金会不低于400万元。需要注意的是，不同地方的管理部门对注册资金数额的要求可能有所不同，因此在设立基金会时需要与注册地的相关部门进行密切沟通。而设立慈善信托暂时没有最低金额限制，实际上，资金门槛主要取决于不同信托机构对慈善信托业务开展的要求。

第二是设立财产形式。

从设立财产形式来看，基金会的原始基金必须为到账货币资金。例如，当年曹德旺先生首先使用2000万元设立河仁慈善基金会，然后将股票捐赠给该基金会。同样，设立慈善信托也需要有确定的财产，并且这些财产必须是委托人合法拥有的，其中也包括合法的财产权利。慈善信托财产可以包括货币、实物、房屋、有价证券、股权、知识产权等有形和无形财产。

第三是设立流程。

从设立流程来看，基金会的设立相对慈善信托更为复杂，并且设立周期较长。[①]例如，直接在民政部门登记的基金会，其设立周期通常在3到9个月之间。如果设立需要业务主管单位前置审批的类型，则设立时间可能会延长至半年到一年半甚至更长，而且最终可能失败。相比之下，慈善信托的设立较为简单。如果是资金型慈善信托，从架构设计到备案成功，一般只需2到3个月甚至更短的时间。而如果设立非资金型信托，如股权、艺术品信托等，则需要与受托人和备案的民政部门沟通所有权转移和财产保管的解决方案，因此设立时间可能会稍长。具体运作方面，许多大额捐赠人在咨询律师时特别关注决策机制、后续的强制支出规定、总体运营成本和税收优惠等重点问题。

---

① 蔡概还.慈善信托的进展、瓶颈和优化路径[J].银行家，2021（6）：110-111.

第四是决策机制。

基金会需要设立理事会作为决策机关，对重大事项进行表决。基金会的负责人由理事会选举产生，并需满足特定条件。对于用私人财产设立的非公募基金会，相互间有近亲属关系的基金会理事总数不得超过理事总人数的1/3。而在其他基金会中，具有近亲属关系的人员不得同时在理事会任职。此外，不论何种类型的基金会，在基金会领取报酬的理事不得超过理事总人数的1/3。慈善信托则由受托人根据信托合同的约定进行运营，其中受益人的选定是慈善信托运行的核心。① 目前的实践表明，慈善信托受益人选定的决策机制主要有三种：一是受托人自主选定受益人并实施慈善项目；二是受托人与项目执行人合作选定受益人；三是成立决策委员会来选定受益人。通常情况下，该委员会由捐赠人、委托人、受托人和项目执行人代表或各领域专家组成。其主要功能是对慈善信托中的一些重大事项进行决策，并且可以灵活设置决策规则。

第五是监督机制。

在内部监督方面，基金会设立监事。监事可以按照章程规定的程序检查基金会的财务和会计资料，监督理事会是否遵守法律和章程的规定。监事还可以列席理事会会议，有权向理事会提出质询和建议，并应当向登记管理机关、业务主管单位以及税务、会计主管部门反映情况。

对于慈善信托而言，委托人可以自行决定是否需要设立监察人。监察人享有监督权和起诉权。监察人对受托人的行为进行监督，并及时向委托人报告受托人违反信托义务或难以履行职责的情况。同时，监察人也有权以自己的名义向法院提起诉讼。在实践中，律师事务所、会计师事务所或家族办公室通常担任这一职责。在外部监督方面，法律对慈善基金会的信息公开进行了严格规定，以达到监

---

① 姚聪.我国慈善信托受托人模式法律问题研究[D].南宁：广西民族大学，2023.

管的目的。

第六是慈善支出。

与慈善信托相比，基金会有年度慈善活动支出的最低规定，这也是许多咨询者纠结的地方之一。具体来说，非公募基金会的年度慈善活动支出标准根据上年末净资产的规模分为三个等级，适用 6% 至 8% 的比例。如果上年末净资产大于等于 800 万元，则年度慈善活动支出应大于等于上年末净资产的 6%；如果上年末净资产在 400 万元至 800 万元之间，则年度慈善活动支出应大于等于上年末净资产的 7%；如果上年末净资产小于 400 万元，则年度慈善活动支出应大于等于上年末净资产的 8%。而公募基金会的年度慈善活动支出不得低于上一年度总收入的 70%，或者前三年收入平均数额的 70%。相比之下，慈善信托暂时没有强制支出的规定，但需要在信托合同中约定年度慈善支出的比例或金额。实际上，为了符合该规定，许多慈善信托约定年度慈善支出的金额不得低于当年度理财收益的一定比例，例如 50%。

第七是运营成本。

基金会的运营成本相对较高，其中非慈善支出的费用主要来自工作人员的工资福利和行政办公支出。关于支出比例的规定，公募基金会的管理费不得超过当年总支出的 10%，特殊情况除外。[①]而非公募基金会的管理费用则根据上年末净资产的大小适用 12%、13%、15%、20% 的四级比例：

上年末净资产 ≥ 6000 万元，年度管理费用 ≤ 当年总支出的 12%；

800 万元 ≤ 上年末净资产 < 6000 万元，年度管理费用 ≤ 当年总支出的 13%；

400 万元 ≤ 上年末净资产 < 800 万元，年度管理费用 ≤ 当年总支出的 15%；

---

① 高小枚，曹子璇.论慈善组织发展的制度环境结构[J].贵阳学院学报（社会科学版），2023，18（2）：100-107.

上年末净资产＜400万元，年度管理费用≤当年总支出的20%。

相比之下，慈善信托的管理费用相对较低，主要包括向受托人支付的信托人报酬、向保管银行支付的保管费、向监察人支付的监察费以及向投资顾问支付的投资顾问费等。如果需要引入慈善机构以获得税收优惠，可能还涉及管理费等。但总体而言，慈善信托的费用将低于基金会的运行成本。

第八是税收优惠。

对于基金会的税收问题，目前没有单独立法，但可以将《中华人民共和国企业所得税法》及其实施条例、《中华人民共和国个人所得税法》及其实施条例以及国家税务部门发布的关于公益性捐赠税前扣除的通知作为实操指引。

然而，由于慈善信托本身并不具有独立的法人地位，目前无法找到与慈善信托相对应的明确的法律规定来提供税收优惠。这也是慈善信托制度目前面临的发展困境之一。

慈善信托和慈善基金各有其优势和劣势，同时也承担着各自的社会责任。我们通过一个代表性的案例来带大家体会二者的不同。

案例【华懋慈善基金：是慈善信托还是慈善基金？】

华懋慈善基金是由创办华懋集团的王德辉和龚如心于1988年成立的公司制香港私人慈善基金会。基金会公司章程列明王德辉和龚如心二人任监管人直至去世，且基金可如一般商业机构营运及投资，并将所得用于教育、扶贫等善举。龚如心去世之后，慈善基金理事会由5人组成：主席龚仁心是龚如心的弟弟，他同时兼任华懋集团管治委员会主席；理事龚中心、龚因心是龚如心的两个妹妹（她们同时兼任华懋集团核心公司的董事），另两个理事梁荣江和陈鉴波也均是华懋集团的高层人员。

龚如心生前持有华懋集团95%股权，由于该集团并非上市公司，其资产总值无从得知，但外界估计龚的遗产总值达近千亿元。

龚如心近千亿元的遗产，若按华懋基金对遗嘱的解释，其直接作为遗嘱受益人，将直接享有所有遗产的完全所有权，遗产如何使用将完全由基金会内部说了算。而根据香港终审法院生效判定，虽然遗产划归基金会名下，但其是以信托的方式持有的。根据英美法系信托财产双重所有权的原则，基金会享有的仅是管理权、控制权和分配权，而收益权和受益权则由受益人享有，慈善信托或公益信托与基金会相同。其在管理遗产过程中，将受到受益人的监督，同时根据香港法律，其还受到香港律政司和法院的行政、司法监督。尤其，龚如心身后遗产中最重要的组成部分是其生前持有华懋集团 95% 的公司股权，基金会在以信托方式持有这些股权时，仅能根据遗嘱中所确立的方式进行经营管理，股权收益用于慈善公益的目的，基金会不得对股权做出擅自处分。若基金会不按此目的管理股权，将违反信托约定，需承担赔偿甚至被法院裁决失去受托人地位的责任。

龚如心的遗产，作为信托财产由基金会持有期间，由于信托财产具有独立的特性，信托财产与受托人自身财产严格分离，基金会的债权人将不能透过信托而主张信托财产。据相关报道，由于华懋基金长年陷入遗产争夺诉讼等，对外欠债近两亿港币，若龚如心遗产直接归属基金会，将首先用来还债。

根据英美信托法的规定，受托人对受益人负有忠诚、谨慎的信赖义务，在管理信托财产过程中，必须为受益人之利益而为，不得为自己谋取私利，若其违反忠诚义务则法院将会依据推定信托等救济规则，裁决其为己所谋之利归属于信托所有。

龚如心遗产按 2002 年订立的遗嘱执行时，面临了新的问题：

遗嘱的真实含义是赠与还是设立慈善信托？即慈善基金是遗产"受益人"

还是"受托人"？

于是，一场在律政司和华懋慈善基金之间的遗产争夺战打响。2012年，香港律政司以慈善事务守护者身份入禀法院，要求高等法院原讼庭解释遗嘱，厘清华懋慈善基金是遗产"受益人"还是"受托人"；而华懋慈善基金一直认为自己是遗产"受益人"而非"受托人"。2013年2月，高等法院原讼庭裁定华懋慈善基金败诉，基金会仅是遗产"受托人"，而不是继承遗产的"受益人"；华懋慈善基金不服，向高等法院上诉庭提出上诉。2014年4月11日，华懋慈善基金的上诉被高等法院上诉庭驳回，基金会不服裁决再上诉至终审法院。2015年5月18日，终审法院驳回华懋慈善基金提出的上诉，维持华懋慈善基金的身份是遗产"受托人"，而不是龚如心遗产的"受益人"的判决。

此外，终审法院要求华懋慈善基金的董事会及律政司司长（作为公众利益的守护者）、遗产管理人三方呈交遗产管理的计划，再交予法院，对龚如心于2002年所订立的遗嘱计划的执行进行审批。2023年7月，高等法院法官鲍晏明裁定华懋慈善基金未能满足"财务稳健"的条件，不符合出任遗产"受托人"的资格。

也就是说，华懋慈善基金被踢出局，不能再参与制订遗产管理方案。

因此，遗产管理方案将由律政司司长及遗产管理人合力制订，并推荐适当人选担任新遗产"受托人"。

通过前文所述，我们明晰了慈善基金与慈善信托的区别。接下来我们通过另一个案例再来深入感受一下股权慈善信托的优势所在。

案例【鲁冠球三农扶志基金：国内最大信托基金】

鲁冠球三农扶志基金慈善信托于2018年6月29日在杭州市民政局备案成立。委托人为鲁伟鼎，受托人为万向信托股份公司，信托财产总规模为委托人持有的万向三农集团有限公司的股权（对应出资额6亿元）。2021年2月，鲁冠球三农扶志基金慈善信托（以下简称"鲁冠球三农扶志基金"）对外发布信息，经资产评估，以2020年6月末为基准日，鲁冠球三农扶志基金全部资产净值141.79亿元。

以此计算，鲁冠球三农扶志基金成为我国首支资产规模超百亿的慈善信托，也是国内资产规模最大的慈善信托。

同时披露的信息显示，鲁冠球三农扶志基金成立两年来，基金已经累计通过万向三农集团对外资助4640.90万元。在鲁伟鼎捐出万向三农集团全部股权设立慈善信托后的两年间，鲁冠球三农扶志基金的资产规模增长了29.08%——不但没有减值，还远高于我国一般慈善财产的保值增值水平。鲁冠球三农扶志基金以企业经营为持续来源、以社会公益为终极目标，实现产业发展和慈善捐助联动，形成了"利他共生，共创共享"的全新模式。鲁冠球三农扶志基金实行董事会决策、受托人管理、监察人监督的制度，形成了稳定的运行机制和完善的内部治理机制。董事会、受托人、监察人根据鲁冠球三农扶志基金的《宪章》《章程》《慈善信托合同》等信托文件和国家法律规定履行职责。万向三农集团成为产业投资、慈善捐助和基金的贯通枢纽和支撑力量。万向三农集团及各子公司在提升经营效益的同时，致力于产业扶持和公益慈善。经营效益越好，其在产业扶持和慈善资助方面的能力就越强。

基金资产价值稳定增长，验证了股权慈善信托这个新型模式基本成功，形成了企业经营、产业扶志、公益慈善的良好联动模式：既能够保障万向三农集团及各子公司的战略稳定、持续发展，又能够以良好的产业发展为持续的慈善事业提供支撑。

06 家族财富传承
的保障——
遗嘱信托

"

遗嘱信托是兼顾家族财富和精神的载体，
是家族财富传承的后盾。

"天下之本在家"，遗嘱信托是目前家族财富保全与传承的极佳工具之一。伴随着《民法典》的落地，关于遗嘱信托的探讨不断，也使得更多高净值人群重视财富传承，并将目光聚集到遗嘱信托的设立与管理上。

什么是遗嘱信托

遗嘱信托的定义

"遗嘱信托是以遗嘱方式设立的信托"，这是现今的法学实践中，大多数学者对遗嘱信托的普遍描述。①

根据上述描述可知，遗嘱信托兼具遗嘱和信托的特征，应符合《民法典》和

---

① 孙亮.遗嘱信托法律问题分析 [D].哈尔滨：黑龙江大学，2014.

《信托法》中关于遗嘱和信托的相关规定。我国《信托法》第八条明确规定，以遗嘱方式设立信托在我国是合法的[①]，同时《民法典》继承编第一千一百三十三条第三款也对此做出了更详细的规定[②]。这一立法不仅完善了《民法典》对遗嘱信托的规定和继承制度，还及时回应了社会的需求，弥补了《继承法》中遗嘱信托规定的不足。

由此，结合相关法律法规，我们可以总结成立遗嘱信托的几个关键：首先，委托人需通过遗嘱方式设立信托；其次，委托人处理的财产应为其个人财产的全部或部分；最后，受托人应根据委托人的目的来管理和处置财产。典型的遗嘱信托结构如图 6-1 所示。

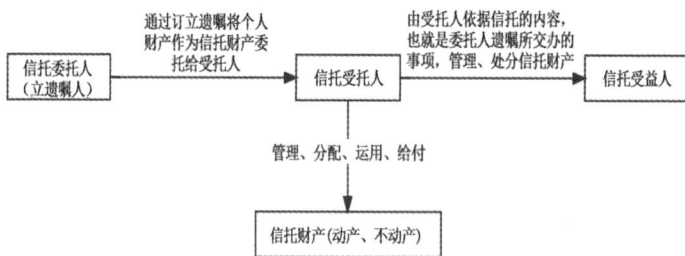

图 6-1　遗嘱信托的典型结构

同时，遗嘱信托结合了遗嘱和信托的优势，使委托人在生前能够最大限度地管理和控制财产。同时，它也允许委托人在去世后将财产委托给受托人进行保护和管理，并按照其意愿分配信托利益。通过这种方式，遗嘱信托可以最大限度地

---

① 《信托法》第八条："设立信托，应当采取书面形式。书面形式包括信托合同、遗嘱或者法律、行政法规规定的其他书面文件等。采取信托合同形式设立信托的，信托合同签订时，信托成立。采取其他书面形式设立信托的，受托人承诺信托时，信托成立。"

② 《民法典》第一千一百三十三条第三款："自然人可以依法设立遗嘱信托。"

减少遗产继承纠纷的发生，防止财产被挥霍浪费，实现财富的代际传承。

遗嘱信托的特点

遗嘱继承是个人在生前依法设立的文件，旨在安排其名下的财产。由于其直接、简单的特性，无论财产类型或数量如何，遗嘱继承都能被大众所接受，并成为中国除法定继承外的另一种主要遗产继承方式。然而，遗嘱继承存在一些问题，例如遗嘱可能不符合法定要求、真实意图受质疑或存在多份遗嘱等，这可能导致遗嘱无法生效并引发纠纷。

遗嘱信托与遗嘱继承在某些方面具有相似性，两者都基于遗嘱设立，均以信任为基础，且都涉及财产所有权的转移。然而，它们之间仍存在一些显著差异。首先，从法律关系主体的角度来看，遗嘱继承仅涉及继承人这一法律主体，而遗嘱信托则涉及委托人和受托人两个法律主体。[①]其次，两者达成的效果也不同。在遗嘱继承中，继承人获得的遗产范围是固定的、一次性给付的，缺乏灵活性和约束机制，无法起到保值增值、避免后辈挥霍等效果。相比之下，遗嘱信托则可以通过受托人的管理和运作，实现遗产的保值增值和长期规划。此外，遗嘱继承人还可能面临遗产分配过程中因不当分割和争产纠纷而造成的遗产损失风险，而遗嘱信托则可以通过明确的合同条款和法律约束机制来降低这种风险的发生概率。

遗产管理主要由负责管理和分配遗产的人（通常称为遗产管理人）来执行，其目标是保护继承人的权益，同时维护其他债权人和相关利害关系人的财产权

---

① 和丽军.民法典遗嘱信托制度的完善[J].福建师范大学学报（哲学社会科学版），2020（5）：158-167.

益。遗嘱信托与遗产管理在执行主体和内容上存在明显的差异。遗产管理涉及的任务广泛，包括遗产的清算、保护、处分、债务清偿、债权追讨、公示催告以及遗产分配等各个方面。相比之下，遗嘱信托虽然可能涵盖遗产管理，但其核心并非遗产管理，而是作为财富传承的工具。遗产管理仅在继承开始至遗产分割和清算结束的特定时间段内存在。[①]

遗嘱信托与保险相比各有优缺点，应根据个人实际情况进行选择。保险作为一种实现财富传承的工具，具有独特的优势。首先，它能够提供高额的身故保障，保障期限长，可以覆盖受保人的一生。其次，保险具有风险转移和债务隔离的功能，可以帮助家庭应对意外风险和债务问题。此外，保险还有利于税务筹划和信息保密，并且许多国家对保险金免征税款。

然而，保险的首要功能仍然是保障。与遗嘱信托相比，保险的财产传承功能相对简单，缺乏个性化和多样化的选择。此外，保险在财产管理方面的内容有限，主要限于现金管理，效率相对较低。同时，保险对被保险人的年龄、资格等有较多限制，不如遗嘱信托广泛适用于各种受托服务对象。另外，保险事故发生时通常会一次性给付保险金，缺乏激励和约束机制，可能导致继承人挥霍无度等问题。

因此，在选择财富传承工具时，应综合考虑各种因素，包括保障需求、风险转移、税务筹划、财产管理等。

相较于家族信托，遗嘱信托在设立形式上存在显著差异。家族信托主要通过合同方式设立，而遗嘱信托则依据委托人的遗嘱来管理和分配遗产。此外，家族

---

① 金融界.遗嘱信托研究（一）：遗嘱信托的概念、功能与发展基础[R/OL]//中国信托业协会.2020 年信托业专题研究报告（2021-09-08）[2024-02-15].https://baijiahao.baidu.com/s?id=17103217758831866112&wfr=spider&for=pc.

信托在我国目前仅允许委托人及其家庭成员作为受益人，其成立和生效条件主要依据信托合同的约定。在征收遗产税的国家，家族信托在税务筹划方面具有一定的优势。然而，遗嘱信托仍需缴纳相关税负。

尽管家族信托和遗嘱信托在目的上存在相似之处，均致力于实现财富的增值传承，但它们之间还是存在一定的区别的。在家族信托中，委托人可以根据实际情况、财产状况及受益人情况等因素灵活调整信托管理，这样可以更好地满足委托人的需求。而遗嘱信托则更注重遗产管理和分配，同时扩大了受益人的范围，这样可以在继承人之间实现更为公平的分配。此外，遗嘱信托中，委托人在生前仍保有对财产的控制权，可以根据自己的意愿修改或废止遗嘱信托，这种设计既可以防范意外风险，避免继承人之间的纠纷，又能延续委托人对被继承人的关怀。

境外遗嘱信托现状

遗嘱信托制度发源于英美法系国家，并在这些国家得到了广泛的应用和发展。大陆法系国家如日本等在引进遗嘱信托制度后，在适应本土法律和文化环境的基础上进行了创新和发展。目前，全球各地的法律体系都普遍关注并重视建立和完善遗嘱信托制度。特别是在美国、日本，遗嘱信托已经发展成为一种重要的财富管理工具，它们通过遗嘱信托实现了有效的财富传承，可以防止继承人的挥霍浪费，同时也大力支持了公益慈善事业的发展，显示了遗嘱信托在财富管理方面的巨大潜力。

美国的遗嘱信托规定

在美国，信托形式丰富多样，其中遗嘱信托在遗产的处理和管理中扮演着核心角色。这一现象主要由两个因素推动：首先，美国对遗产继承征收高额税金，因此，设立遗嘱或遗嘱信托成为美国人进行遗产规划的重要步骤；其次，美国人倾向于将财产分配规划视为一种生前的责任和义务。许多著名的家族，如肯尼迪家族和洛克菲勒家族，都通过遗嘱信托或与家族信托相结合的方式，实现了产业的长期传承。

美国的遗嘱信托主要遵循《统一信托法》（The Uniform Trust Code）和《统一遗嘱认证法》（Uniform Probate Code）。根据《统一信托法》第402条的规定，遗嘱信托的成立必须满足以下条件：（1）存在明确的信托意图；（2）具有信托能力；（3）有特定的信托财产；（4）明确信托目的；（5）指定受托人；（6）确定受益人。此外，还必须遵守禁止永久规则，并需通过遗嘱及其附属文件等加以确认。而《统一遗嘱认证法》则规定，设立遗嘱信托需要遵循一定的法定形式。各种遗嘱形式都有各自的要求，以确保遗嘱的有效性。遗嘱可以采取书面形式或非书面形式设立，充分尊重了委托人的自由意志。

在法律效力方面，美国的遗嘱信托原则上与一般信托没有区别，都受到信托法中一般信托规定的约束。主要包括可撤销性[1]、自由裁量权[2]和挥霍条款[3]等方面的规定。

---

[1] 可撤销性是指立遗嘱人死亡之前可以变更或撤销信托。

[2] 自由裁量权是指委托人只确定受益人的范围，但不明确具体的受益人及其享有的受益份额，受托人可以根据实际情况自由裁量。

[3] 挥霍条款是指受托人在管理和分配信托财产时，必须确保受益人的生活标准不超过一定的水平，以避免浪费信托财产。

在美国，遗嘱信托的生效并不依赖于信托财产的转移。关于公示，美国在信托立法中并未建立相应的公示制度，也未将信托登记视为信托成立的要件。除了公益信托，其他如遗嘱信托等都遵循《统一信托法》中的潜在规则，即受托人有义务标识、簿记以及识别信托财产，并在可行范围内履行登记义务。此外，"惩罚性预设"①机制能约束受托人行为，确保信托财产的独立性，并要求受托人在与第三人的交易中主动披露信托财产的真实情况。某些州的法律要求受托人将信托（包括遗嘱信托）在法院进行登记，否则可能面临无法获取报酬或受到罚款的后果。但这种登记主要是为了让受益人和第三人明确哪家法院对信托有管辖权，便于日后采取法律行动，而非保护第三人的利益。

在税收方面，美国采用"分税立法"的方式，相关规定分散在各个税法中。对于遗嘱信托，主要涉及遗产税、赠与税和所得税。美国在处理信托财产转移课税问题时，注重财产转移的实质内容。例如，若无真实的销售和货币对价发生，将根据信托利益的受益情况进行"继承"或"赠与"判定，并分别课征遗产税或赠与税。若委托人在设立信托时保留控制权，去世后该部分财产将计入遗产并课征遗产税；若未保留控制权，将被视为"赠与"并课征赠与税。遗嘱信托成立后，还需按美国税法规定征收所得税。

美国的遗嘱信托实务涉及多个环节，包括遗嘱认证、执行、公示与登记、管理与终止等。显著特点是，美国的遗嘱需经遗嘱认证法院认证才产生法律效力。认证生效后，由遗嘱执行人或其"个人代表"执行遗嘱内容，将涉及的财产转移给受托人。若死者生前未立遗嘱确定"个人代表"或未指定执行人，法院或登记官将指定遗嘱管理人。无论是何种方式产生的遗嘱执行人，都需要经法院或登记官认可并获

---

① "惩罚性预设"是指当受托人未能履行其职责或违反信托条款时，将面临一定的惩罚。这种预设旨在保护信托受益人的利益，确保受托人按照规定行事，并防止滥用信托财产。

得证书后才能行使职责。

在美国设立遗嘱信托的法律程序如图 6-2 所示。通过设立遗嘱信托，能够最大限度地体现和保留委托人的真实意思表示，充分尊重被继承人对自身财产的规划和安排。

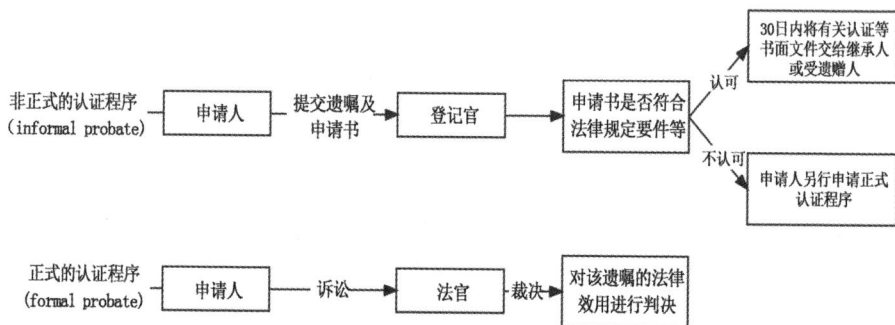

图 6-2　在美国设立遗嘱信托的法律程序

案例【知名亿万富翁马尔科姆遗嘱信托：前妻生活的保障】

亿万富翁马尔科姆·福布斯通过遗嘱信托指定长子马尔科姆·S.福布斯为遗嘱执行人和受托人，负责遗产的分配和管理。其遗产范围广泛，包括福布斯公司的股权、各类有形资产等。此外，他还确保了前妻有权获得遗嘱信托财产产生的收益。马尔科姆·福布斯的这一安排，无疑为家族财产的完整性提供了保障，同时也有利于家庭隐私的保护和财富传承的稳定性。

遗嘱信托除了在家庭层面保障家族财产的稳定性外，还可以实现被继承人的遗愿，比如洛克菲勒就在其遗嘱信托中妥善处理了 1610 件原始艺术品。

案例【洛克菲勒遗嘱信托案例：对艺术界做出巨大贡献】

纳尔森·A.洛克菲勒是美国著名富豪、政治家和慈善家。在遗嘱中，他明确指定其兄弟和两位长期顾问作为遗嘱执行人和受托人，确保其妻子、儿子和慈善机构成为遗嘱信托的主要受益人。这一安排为他的家庭和慈善事业提供了稳固的保障。此外，他还决定向大都会艺术博物馆捐赠1610件原始艺术品，向某慈善团体赠送其在缅因州的住所。这些遗嘱信托和捐赠不仅丰富了美国艺术界，更为慈善事业的发展作出了巨大贡献。

在境外遗嘱信托的发展进程中，慈善捐赠是其重要应用目的之一。慈善捐赠不仅体现了捐赠者对社会的关爱和责任，更是传承和弘扬了慈善文化。

案例【希尔顿创始人遗嘱信托案例：社会责任的充分体现】

希尔顿酒店集团创始人康拉德·希尔顿不仅创造了希尔顿集团的财富神话，还是一位热心支持慈善事业的企业家。在他的遗嘱中，他指定儿子和代理人为遗嘱执行人，并赋予遗嘱执行人任命美国联合银行作为遗嘱信托受托人的权利。这一安排有助于遗产的分配和管理。更为慷慨的是，他将超过1.08亿美元的剩余遗产赠予了希尔顿基金会，用于支持贫民救济、传道等慈善目的。这一举动充分展现了希尔顿先生对社会的关爱和责任。

除财富传承、子女抚养和防止挥霍等功能外，境外遗嘱信托还有满足委托人特殊遗嘱目的的特定目的信托。这些特定目的信托涵盖了多个领域，如饲养宠物、设立墓碑等。

案例【亿万富翁为宠物设立遗嘱信托案例：永远守护爱犬】

1993年，美国亿万富翁多丽丝·杜克在遗嘱中明确表示，她为她心爱的宠物狗设立了10万美元的信托计划。在她离世后，负责照看宠物狗的人被指定为受托人。如果看护人无法承担这一责任，宠物狗将由根据遗嘱设立的基金会照料。该信托计划的受益人为宠物狗，信托财产的收入和本金全部用于提高宠物狗的生活质量。在宠物狗离世后，信托终止，剩余财产纳入其遗产中处理。经过法官裁决，宠物狗的看护人被认定为该信托的受托人，信托收益用于照顾这只宠物狗。

日本的遗嘱信托规定

在明治维新时期，日本借鉴了美国的信托制度，并根据本国情况进行调整。日本遗嘱信托的运作主要依赖于《民法》和《信托法》两大基础法律，同时也涉及其他相关法律，如《不动产登记法》、《所得税法》和《继承税法》等。2006年，《信托法》的修订为多种信托形态提供了法律基础，包括遗嘱信托、遗嘱替代生前信托、受益证券发行信托和事业型信托等。这次修订明确了受托人的职责，强化了受益人的权益，并允许以声明方式设立信托，使得日本的信托安排更为灵活。

日本遗嘱信托的设立要求与一般信托相似，需要有明确的设立意图、指定的受益人和确定的标的物。然而，其设立方式更为灵活，共有 17 种形式，包括普通方式和特殊方式。特殊方式中，甚至包括在面临死亡危机时的口头遗嘱，只要其符合《民法》和《信托法》的要求，同样具有法律效力。

在税收方面，日本的信托税收有四个显著特点。首先，采用受益人课税原则，但存在例外。其次，对于未支付适当对价而成为受益人或特定委托人的情况，需征收赠与税。当信托因委托人死亡而生效时，视为遗赠取得，需征收遗产税。再次，财产仅名义上转移时，无须缴纳登记许可税。最后，对于捐赠给特定公益信托的遗赠和继承资产，免征遗产税。

早期，由于传统观念影响，日本民众较少将财产交由家族以外的人管理。然而，随着老龄化社会的来临，这一观念逐渐改变。目前，除法律上的狭义遗嘱信托外，广义上的遗嘱信托产业链已形成，涵盖遗嘱保管、执行和遗产整理等服务。20 世纪 90 年代，美国的遗嘱信托替代生前信托传入日本并迅速普及，年均增长率超过 10%，占据了民事信托市场的半壁江山。

当前，日本信托业注重业务的多元化发展，主要体现在推动遗嘱信托、遗嘱替代生前信托及连续终身权益信托等业务上。这些业务的发展旨在更好地适应老龄化社会需求。尽管正式的信托法中与遗嘱信托相关的条款不多，但其辅助性制度相当明确。例如，税收制度与信托制度的协同调整为与遗嘱有关的信托业务提供了清晰的法律指引，使得这些实践得以顺利进行。另外，日本的遗嘱信托业务中特别关注遗嘱的设立环节。在遗嘱替代生前信托或遗嘱执行服务中，信托公司会积极向客户提供相关的遗嘱咨询服务以确保遗嘱的合法性和有效性，以减少潜在纠纷对信托生效后平稳运行的影响。

中国台湾地区的遗嘱信托规定

在我国台湾地区，遗嘱信托制度在借鉴美国和日本的经验基础上，经过多年的发展，已经形成了既适应本土文化又独具特色的体系。该体系详细规范了遗嘱信托财产、相关人的权利义务以及外部监督等各个方面的事项。这些规范全面考虑了遗嘱信托的设立、管理、变更和终止等各个环节，确保了遗嘱信托的有效运行，并在实践中得到了验证。

中国台湾地区的遗嘱信托制度与美国有所不同，它在引入该制度的同时就对监督等问题进行了规定，并赋予了信托监察人和法院对遗嘱信托进行监督的权力。这种做法充分体现了台湾地区在本土化发展方面的成功实践。

目前，台湾地区认可的遗嘱信托设立形式包括多种，如自己亲自写、公证、密封、代笔和口头遗嘱。在财产转移方面，通常由继承人或遗嘱执行人完成。关于遗嘱信托生效的时间点，虽然存在争议，但大部分学者和法院裁决认可委托人死亡时遗嘱信托生效。[①]

在税收方面，台湾地区有以下几个特点：一是受益人缴纳税款；二是按财产转移课税，形式上的转移不纳税；三是公益信托享受税收减免。对于遗嘱信托，台湾地区明确其具有遗赠性质，应将其纳入遗嘱人的遗产一起征纳遗产税；遗嘱信托的财产转移遵循实质课税原则；公益目的的遗嘱信托可以享受税收减免。

台湾地区的遗嘱信托主要服务于财富传承和退休赡养的目的，涉及的财产包括现金、有价证券和不动产等。其中，财富传承类的遗嘱信托通常与"生前财产赠与信托"或"保险金信托"结合使用。台湾地区的信托机构将遗嘱信托服务定位为"高资产客户财富管理服务"的一部分，旨在提高客户之间的互动和信任，加强客户家庭的经营。虽然一些信托机构拥有"遗嘱执行人及遗产管理人"的执照，但由于成本效益和避免卷入客户遗产继承纠纷等问题，这方面的业务相对较少。[②]

在法律纠纷方面，台湾地区的遗嘱信托服务主要涉及遗嘱的制定内容，例如遗嘱设立的方式等相关规定。因此，在提供遗嘱信托服务时，台湾地区的信托机构特别注意遗产特留份受到遗嘱侵害的问题。为了避免后续的分歧和争议，台湾地区的信托机构在遗嘱信托事务约定书或契约书中明确规定了终止或变更遗嘱信托财产管理方式的原因和事由，并要求全体受益人同意后方可生效。

①　高雅.中国台湾地区遗嘱信托发展的经验借鉴 [J].技术经济与管理研究，2020（3）：119-123.
②　高雅.中国台湾地区遗嘱信托发展的经验借鉴 [J].技术经济与管理研究，2020（3）：119-123.

境外遗嘱信托的多重功能

境外遗嘱信托经过多年发展，在财富传承、防止挥霍、事务管理、公益慈善与特殊目的等功能方面拥有丰富多样的实践。

案例【戴安娜王妃遗嘱信托：财富传承的典范】

在 1997 年 8 月，戴安娜王妃离世。为了确保遗产的安全，她早在 1993 年就决定通过设立遗嘱信托来将财产传递给她的孩子，并在 1996 年对遗嘱进行了附录修改。在她的遗嘱中，戴安娜王妃明确指定她的母亲、秘书与姐姐作为遗嘱执行人和遗嘱信托的受托人，以信托方式管理所有财产。这些受托人拥有自主决定投资方式的权利。同时，她的母亲和弟弟被指定为两位王子的监护人，他们需要在两位王子 25 岁生日时将财产平分给两位王子。

通过这样的安排，戴安娜王妃得以按照自己的意愿来处理遗产，确保她的丈夫无法继承。此外，她设定了一个延迟期，以确保在儿子们接收遗产之前，不会因年轻冲动而做出不当或挥霍的行为。值得注意的是，戴安娜王妃在遗嘱中明确赋予受托人"行使绝对酌情决定权决定遗产或遗产收入的其他部分"，即自由裁量权。

戴安娜王妃的遗嘱信托案例有几个关键点：首先，她选择家人作为受托人来管理儿子的遗产；其次，她精心安排了遗产交付的时间，避免年轻气盛的儿子们可能的不当行为；再次，她明确了监护人的角色，以避免法定监护人可能的权力滥用或疏忽；最后，她赋予了受托人绝对的决策权。

从信托目的达成的有效性来看，尽管戴安娜王妃的遗嘱信托在管理期间面临法律挑战，但法院最终支持了受托人的权利，保护了她儿子们的财产继承权。通过遗嘱信托，遗产得以从戴安娜王妃顺利过渡给她的儿子们，确保了遗产的管理权不会落入不信任的法定监护人之手。

遗嘱信托作为一种有效的财产传承工具，允许立遗嘱者按照自己的意愿进行遗产规划，这样不仅确保了遗产的顺利传承，还能有效防止继承人滥用遗产或遗产被侵占。梅艳芳在 2003 年预见母亲可能无法妥善处理遗产，且家中其他成员在理财方面也缺乏经验，因此决定设立信托。

除了为亲友或回馈社会设立遗嘱信托外，还有人为自己的宠物设立遗嘱信托，这也体现出遗嘱信托能够满足设立人不同需要的特质。

案例【美国总统遗嘱信托案例：总统也做遗嘱信托】

美国总统富兰克林·D. 罗斯福在他的遗嘱中指定他的儿子和两名律师作为遗产的受托人和执行人。他要求受托人在纽约海德公园镇他的个人花园内为他和他的妻子建造墓地，并设立一块简单的墓碑。此外，他还留下一部分遗产作为维护罗斯福家族和他个人墓地的"墓地基金"。

境内遗嘱信托分析

《信托法》之后，《民法典》首次明确了自然人依法设立遗嘱信托的权利，为我国信托制度与继承制度之间创造了互动的契机。《民法典》赋予了遗嘱信托合法性基础。然而，《信托法》和《民法典》对于遗嘱信托重要内容未做出明确规定，同时也存在规定冲突的情况，遗嘱信托的操作在立法和司法实践中面临诸多问题。①

首先，受托人在遗嘱信托中的权利和义务并不明确。作为信托财产的管理和处置者，受托人的行为直接决定了财产信托的执行效果。委托人通过设立遗嘱信托，旨在使受益人获得更大的利益，并委托受托人管理遗产。因此，受托人应尽到谨慎管理的职责，例如在投资方面，法律禁止受托人投资高风险的股票和基金，并要求其选择特定的金融产品进行理财。然而，当前法律对受托人的义务规定较为模糊，导致无法有效约束其行为。这使得在司法实践中，难以追究受托人的失责行为。

此外，遗产信托的受托人通常分为两类：专业的信托管理机构和自然人受托人，包括委托人的亲属和朋友等。这两类受托人的目的、专业性和履行能力各不相同，因此其责任和义务的承担程度也应有所区别。

再者，《信托法》和《民法典》在遗嘱信托的成立和生效要件上存在不一致之处。根据《信托法》的规定，遗嘱信托必须以书面形式设立，遵循严格的形式要求。然而，《民法典》认可的遗嘱形式还包括口头遗嘱，并不限于书面形式。同时，《信托法》规定信托的生效以登记为准，但《民法典》继承编并未要求遗嘱需以登记为生效要件，而是在需满足见证人及本人签字的情况下做出明确说明，事实上，遗嘱还以当事人死亡为生效要件。

最后，考虑到设立遗嘱信托的当事人都希望信托受托人能够在较长的时间跨度内管理自己的财富，制度性监督就显得非常重要。在遗嘱信托设立之初，应设立监督人员，其选任方式可以由遗嘱信托的委托人选定或由受益人等利益相关人员申请法院选定。②

---

① 韩良.《民法典》与民事信托的发展[J].中国政法大学学报，2022（3）：121-131.
② 张梦娟，巴桑旺堆，唐晓玉.我国遗嘱信托制度[J].法制博览，2022（30）：111-113.

而随着我国遗嘱信托制度的建立与完善，上海地区法院的一份判决书不仅为财富传承领域的司法实践开创了新的篇章，更为后续的遗嘱信托实践提供了重要的参考和借鉴：

案例【上海遗嘱信托案例：我国遗嘱信托"第一案"】

在 2017 年，上海市静安区人民法院受理了一起涉及李某 4、钦某某等人的遗嘱纠纷案件。这起案件不仅涉及个人财产的纠纷，更关乎一种创新的财富传承方式——遗嘱信托。

本案的争议焦点是李某 4 所立遗嘱的效力问题。李某 5、李某 6、李某 7 为李某 4 的亲生兄弟姐妹（他们的父母当时均已去世）。李某 4 与前妻李某 3 育有一女李 1。李某 4 去世前现任妻子（遗孀）钦某某育有女儿李某 2。根据判决书，李某 4 的遗嘱大致包含如下内容：

李某 4 认为自己去世后的被继承财产包括：投资 500 万元（月月盈）招商证券托管；上海银行"易精灵"及招商证券约 500 万元；金家巷、青浦练塘前进街、海口房产各一套。

就上述财产处理方式，李某 4 在遗嘱中要求，继承人按照被继承人遗愿用遗产在上海购买一套三房两厅房子，购买价约为 650 万元，只传承给下一代，永久不得出售，而现有三套房可以出售。剩余 350 万元资金及房产出售款项（约 400 万元），以及价值 650 万元的房产，成立"李某 4 家族基金会"管理。此外，李某 4 还规定了钦某某、女儿李某 2、亲生兄弟姐妹们的生活费、学费、医疗费等的支取和报销标准。从上述描述看，李某 4 的遗嘱更像是一种信托，虽然其本人并未明确提及这个概念。

在案件审理过程中，法院深入调查了委托人李某 4 与其妻子钦某某以及李某 5、李某 6、李某 7 之间的关系，以及他们共同管理财产的细节。经过细致的审理，静安区人民法院认定李某 4 所立的遗嘱是有效的，并依法设立了信托。

在二审过程中，上海市第二中级人民法院对案件进行了进一步的审理。法院认为，遗嘱信托已经生效，李某 5、李某 6、李某 7 应继续担任受托人并管理信托财产。

遗嘱信托"第一案"标志着我国在财富传承领域的法律制度正在逐步完善，同时也反映出我国在保护公民财产权益方面的决心和努力。

除上述案例外，我国其他地区对遗嘱信托案件的处理，也充分展现了法律对于遗嘱信托在民间实践中的尊重。

案例【河南遗嘱信托案例：对于民间遗嘱信托效力的尊重和认可】

在 2017 年，河南的尹氏夫妻二人通过遗嘱决定，将一笔 20 万元的资金交由尹某的二哥托管，作为女儿未来的大学学费。二哥随后将这笔资金存入了一家金店，并按时将利息转交给尹先生和妻子胡女士。然而，在尹先生去世后，胡女士却将二哥告上了法庭，要求返还这笔 20 万元的本金。此案涉及了如何通过书面形式设立信托的问题。尽管这笔财产属于夫妻共同所有，但原告胡女士在当时和之后都对此表示了同意。尹先生为了女儿的未来，决定将这笔财产交给二哥管理。在整个管理过程中，尹先生始终遵循了诚实、信用和有效管理的原则。

法院在审理此案时，深入探讨了遗嘱信托的法律原则。他们认为，尹先生作为立遗嘱的人，其行为完全符合信托的基本定义，他的目的就是保障家人的未来。此外，书面遗嘱的存在以及二哥的尽职尽责，都使得这个遗嘱信托得以合法成立并顺利运作。对于原告胡女士提出的"保管"主张，法院认为她在尹先生生前和去世后都明确表示同意这种财产处理方式，因此法院并未支持她要求返还 20 万元的诉讼请求。

案件审理过程中，法院巧妙地运用了《信托法》的原理，既维护了委托人的遗愿，又保障了未成年子女的权益。这一案例对于推动遗嘱信托司法实践的发展具有深远的影响，使得人们对于未来的司法实践充满了期待。

遗嘱信托最大的争议就是是否构成一个有效的遗嘱信托，而在民间遗嘱信托设立的过程中，往往就会存在被继承人在其遗嘱中未能明确地表达出信托的指示这样的问题，从而导致遗嘱信托不成立。

案例【遗嘱信托设立失败：表达模糊的遗嘱信托案例】

2015 年，曾先生在遗嘱中明确表示，希望将剩余财产设立为曾氏基金，并由其侄子甲和丙进行管理。然而，遗嘱在基金的设立、目的、运作以及财产的分配和使用等方面并未给出明确的指示。因此，侄子甲向法院提起诉讼，要求分割曾某的财产，并由自己担任遗嘱管理人。遗憾的是，抚州人民法院并未支持这一诉求。

这个案例的关键在于，遗嘱中的意思表示过于模糊，使得信托无法实现。法院指出，仅凭一个模糊的公益目的，无法确定遗嘱信托的性质。尽管这一裁决在法律上承认了遗嘱作为信托文件的有效性，以及自然人作为受托人的合法地位，但它仍然未能解决信托财产的登记转移问题、双重税收问题以及自然人受托人的职责问题等核心问题。

根据《信托法》的规定，通过遗嘱方式设立的、受托人为自然人的遗嘱信托形式相对简单。与花费额外的费用委托不熟悉的信托公司相比，人们更愿意将自己的私密遗嘱和遗产事宜委托给熟知和信赖的亲朋好友。然而，自然人受托人通常缺乏专业能力和信义义务意识，这可能导致他们无法胜任工作或出于个人原因缺席。此外，他们可能因能力限制而无法妥善管理信托事务，甚至在缺乏监督的情况下，出现损害信托财产和受益人利益的行为。如果自然人受托人出现上述任何一种情况，遗嘱信托将陷入僵局，影响其目标的实现。因此，以自然人为受托人的遗嘱信托存在一定的风险。

境外遗嘱信托发展对境内遗嘱信托的启发

境外遗嘱信托制度与实践经验对境内遗嘱信托发展具有重要借鉴意义。

首先，境外遗嘱信托的制度建设与法律配套相当完善。无论是英美法系还是大陆法系，都建立了系统化的遗嘱信托制度体系和法律网络，形成了成熟的业务规范，为遗嘱信托的稳健发展提供了坚实的法律保障。这些国家和地区注重与其他法规的联动，共同确保遗嘱信托实务的顺利进行。

其次，境外遗嘱信托强调信托财产的登记与公示。中国台湾地区的遗嘱信托采用"登记对抗主义"，登记主体是受托人，并针对不同财产类型规定了相应的登记方式和登记机关。同样，标识义务、告知义务和惩罚性预设规定也是美国遗嘱信托财产管理运用的重要原则。这些措施有助于明确信托财产的独立性，促使受托人履行职责，平衡各方利益。

此外，境外遗嘱信托的税收法制健全明确。美国、日本和中国台湾地区均遵循发生主义课税原则，根据信托利益的受益情况区分"继承"或"赠与"分别课征遗产税或赠与税。这种课税原则确保了遗嘱信托征税范围的合理性，避免了逃税和重复征税的情况。同时，这些国家和地区还为以公益慈善为目的的信托提供不同程度的税收优惠政策，激发了社会公众通过遗嘱信托参与慈善事业的积极性。

另外，境外遗嘱信托注重外部监督机制的设置。美国、日本和中国台湾地区都非常重视遗嘱信托的外部监督机制。日本2006年《信托法》赋予法院选任受托人的权力，并设置了信托管理人、信托监管人和受益代理人三种制度；法院介入遗嘱信托的监督与控制是美国遗嘱信托的一大特色；中国台湾地区的有关规定对信托的监督做出了细致、明确的规范，包括监察人资格、选任、辞任等。严格的外部监督管理机制有效监督遗嘱信托受托人，确保遗嘱信托规范运行，进而保障遗嘱信托受益人的权益不受侵犯。

最后，境外遗嘱信托注重与本国（地区）实际情况相结合。例如，日本在西方遗嘱信托基础上进行了创新，发展出具有本国特色的生前替代遗嘱信托；中国台湾地区采用的"亲属会议"制度也是本土化的有效监督与公示手段。此外，各国和地区的相关规定中都有特殊条款设置，确保了委托人遗嘱信托目的的实现。如日本信托法的"受托人催告制度"避免了无受托人承诺导致的遗嘱信托无法执行的情况；日本对目的信托的认可也为委托人在身后实现特殊愿望提供了可能。

总之，境外遗嘱信托的制度建设、法律配套、登记公示、税收法制、外部监督以及与本国（地区）实际的结合等方面的实践经验对我国境内发展遗嘱信托具有重要的启示作用。通过借鉴和吸收这些经验，可以不断完善我国境内遗嘱信托制度，促进其健康发展。

07 家族财富传承的资产锚点——不动产信托

"

不动产信托，
当下举步维艰，
未来一片光明。

不动产信托可以弥补非交易过户功能的缺失，具有利他性、服务性、灵活性，以及产权非交易性转移、信托财产独立性、信托权属分离性和整合性等特征。通过信托财产权的转移登记实现财产权利和利益分离，通过赋予信托财产独立性而具有破产隔离功能和受托人"尽职免责"有限责任，通过信托管理连续性安排使信托财产管理具有长期性和稳定性，在境内进一步开展信托财产登记制度试点，将推动非交易性过户制度、信托税收政策等配套制度的完善，便利信托交易环节，降低交易成本，推动资产服务信托业务发展。

什么是不动产信托

不动产信托的定义

不动产信托又称"房地产信托"，指信托机构受托代办与房屋、土地等不动产有关的经济事项的业务。[①]内容包括房地产的买卖、租赁、租金支付、保险金支付、登记、转让过户和纳税等。有的还受理其他的代理业务，如土地的丈量、建筑工程的承包、房地产的鉴定单价和建筑物的设计等。此类信托有两种方式：第一种是管理信托，指信托机构接受委托，为委托人代收地租或房租的业务。第二种是处理信托，指信托机构接受委托，为委托人出卖土地或建筑物的业务。

不动产信托的作用

不动产信托是针对委托人的不动产提供高度专业化的管理，除着重对不动产标的本身进行维护、修缮、改良、保全及对环境进行改善，以提高不动产标的本身的品质与价值外，也是规划不动产标的的最佳管理运用方式，如不动产标的以租赁或出售的方式处分或重建，以期对不动产的利用达到最高效益。因此，不动产信托的作用体现在以下三个方面。

第一，确保产权移转，避免遗产纷争；

---

① 王小妮.论中国房地产金融的发展 [D].长春：吉林大学，2007.

第二，专业管理经营，提升不动产品质价值，如修缮、改良、出租、出售、开发；

第三，确保财产的独立性，不得强制执行。

境外不动产信托分析

英国不动产信托的法律规定

英国的信托法大部分体现在衡平法之中，信托法规范以判例为具体表现形式。英美法不要求信托登记为信托成立的要件，仅仅要求目的的确定、信托财产的确定和受益人的确定。在第三人利益的保护上，则遵循衡平法的知情原则和善意买受人原则。基于此，英国的信托制度中并没有关于信托财产登记的专门规定。

考察英国的法律制度①，与信托有关的登记制度散见于土地登记制度中。早期英国的法律制度中并不存在土地登记制度，因为所有的土地都属于英国国王。1862 年，英国《土地登记法》（Land Registration Act）颁布，并在其中引入托伦斯登记制。1862 年英国《土地登记法》规定在伦敦地区所有的土地交易必须登记，而对于其他地方的土地交易则没有进行强制性要求，当事人可以自愿选择是否进行初次登记。1925 年英国对《土地登记法》进行了修改，将土地登记的强制性地

---

① 高凌云.我国家族信托的法律适用问题 [J].上海对外经贸大学学报，2022，29（3）：76-88.

区扩展到了所有的地区，规定在该法颁布之后发生的土地交易均须进行登记。

目前在英国，英格兰地区所有的土地都进行了登记。2002 年，英国新的《土地登记法》将已登记的土地上的权益划分为可登记权益、应通过登记处分的其他权益、可登记的其他权益以及具有优先力的非登记权益四种类型。

日本不动产信托的法律规定

20 世纪之初，信托传入日本。在大陆法系中，日本最早开展了信托立法，于 1922 年颁布了《信托法》和《信托业法》。在此基础上，日本几次修订这两部法典，形成了较完善并具有大陆法系特征的信托制度。

日本旧《信托法》中即规定"信托的公告"制度是其信托登记制度的基础。如日本旧《信托法》第三条第一款规定："关于应登记或注册的财产权，在信托时如无登记或注册，则无法对抗第三者。"可见日本信托登记采取的是登记对抗主义。

日本的信托登记不仅存在于信托基本法中，从法院判例中也可看到对于信托登记的相关范例。根据日本法院的相关判例，财产的转移及其他处分的公示与信托财产的公示是有区别的，信托登记存在其自身的属性与意义。另外，日本的《不动产登记法》对不动产信托登记也进行了专门规定。日本《不动产登记法》最早于 1899 年颁布，在 2004 年进行了重新修订。在新修订完成的《不动产登记法》中，信托登记的事项、信托登记的申请方式、信托设立登记、信托变更登记、信托消灭登记以及信托登记的申请人均进行了明确规定：委托人、受托人、受益人、管理人以及受益人代理人的姓名或名称、住所，信托目的，信托财产的管理方法以及信托终止的事由。

中国台湾地区不动产信托的"法律"规定

中国台湾地区的"信托立法"是在参考日本《信托法》和韩国《信托法》的基础上制定的。[①]因此，中国台湾地区"信托法"沿用了信托权利登记对抗主义，其"信托法"第四条要求非经登记，信托权利不得对抗第三人。中国台湾地区于1996年颁布了"信托法"，之后针对以土地设定信托专门制定了"土地权利信托登记作业办法"，不过随着2001年台湾地区"土地登记规则"出台，该办法被废止，但其主要内容已经被融入"土地登记规则"之中。"土地登记规则"专门对土地权利因设立信托的登记事项进行了详细规范，其具体内容如下：

第一，信托登记主体。"土地登记规则"规定以土地权利设立信托，土地权利转移登记与信托设立登记为同一书面程序。按照其"土地法"，台湾地区负责土地权利登记的机构为地政主管部门，因此，地政主管部门也是信托登记的主管机关。

第二，信托登记形式。"土地登记规则"第130条第1款规定：登载事项除应于登记簿所有权部或其他权利部登载外，并于其他登记事项栏记明信托财产及委托人之身份资料。

第三，信托登记的类型。"土地登记规则"第9章对信托登记的类型做了详细的区分，包括信托设立登记、信托财产取得登记、涂销信托或信托归属登记、受托人变更登记和信托内容变更登记。

---

① 吴国平.遗嘱自由及其限制探究[J].海峡法学，2010（3）：41-48.

境外不动产信托的常见方式

信托公司一般是通过"家族信托+SPV架构"，设立有限责任公司或有限合伙企业作为SPV持有房产，房产的租金收入可以通过SPV分配回家族信托，再给到指定的受益人，以此实现房产所有权、管理权和受益权的分离。但此类操作将需要缴纳契税、印花税、各地区增值税及附加、个人所得税，以及家族信托将房产出租所得收入的房产税等。[①]

不动产投资一直都是投资的热门板块。优质房产项目多、法律完善、金融环境稳健，加之政府政策的推动，越来越多的国际不动产投资巨头开始选择通过不动产投资信托来实现投资目的。

案例【伦敦布鲁克菲尔德不动产信托案例：不动产打包设立信托】

布鲁克菲尔德是全球最大的房地产投资商之一，总部位于加拿大，业务遍及全球五大洲。2023年，布鲁克菲尔德以每股390便士的股价，购买了英国土地公司（BritishLand）7.31%的股份，总价值约2.64亿英镑。布鲁克菲尔德之所以大举投资英国REITs（不动产投资信托基金），一方面，是由于很多英国投资信托公司在REITs交易中为投资者提供大幅度的折扣（布鲁克菲尔德购买英国土地公司股份时，交易价格仅为资产净值的50%）；另一方面，是因为布鲁克菲尔德一直非常看好也很了解英国的房产市场，他们认为当前房产投资信托基金的投资价值被大大低估了，值得人们入手更多。

除了将不动产打包设立成为一个房产投资基金外，对于一些持有大量不动产的人士来说，直接将不动产作为唯一信托对象在未来也是一个很好的传承财富、

---

① 伍治良.论特定目的信托的性质及设立原则——兼评"建元2005-1个人住房抵押贷款证券化方案"之缺陷[J].法商研究，2006（5）：64-69.

合理降低税负成本的办法。

案例【纽约"房哥"不动产信托案例：通过信托方能做起"甩手掌柜"】

美国纽约的亨德森先生名下拥有着纽约市多达 26 处房屋，如何妥善处理和传承这些不动产是一个大难题。根据美国联邦和纽约州法律，其不动产如果在未来直接交由其子女继承，子女要缴纳巨额的房产继承税，而且如此惊人数量的不动产管理起来困难重重，为了处理不同房屋的对外租赁和修缮问题，他经常需要在城市中东奔西走。

为此，在 2014 年，亨德森将其名下的 26 处不动产全部设立了不动产信托，集中交由信托公司管理。根据信托协议，其名下的不动产全部过户给了信托公司，由信托公司全权负责这些不动产的经营和管理，其每个月都能按信托协议获得收益。而在其过世之后，他的子女无须缴纳天价遗产税来继承这些不动产。根据信托协议，信托公司将继续负责打理这些不动产，其子女会按照信托协议的规定持续地从这笔不动产信托中取得收益，这样既解决了其子女因拿不出巨额继承税而难以顺利继承其房屋的难题，也避免了其子女在继承这些不动产后将家族财富肆意挥霍的结果。

境内不动产信托分析

2001 年出台的《信托法》第十条规定："设立信托，对于信托财产，有关法律、行政法规规定应当办理登记手续的，应当依法办理信托登记。"本条指明应予登记的是信托财产，且只对法律、行政法规规定应当办理登记手续的财产办理信托登记。《中华人民共和国物权法》第六条规定，不动产物权的设立、变更、转让和消灭，应当依照法律规定登记。以不动产为信托财产的信托关系，在设立、存续和消灭过程中，皆产生了不动产权利变动的效果，应当依法进行登记。

2023年11月23日，《国务院关于〈支持北京深化国家服务业扩大开放综合示范区建设工作方案〉的批复》指出，在风险可控的前提下，探索建立不动产、股权等作为信托财产的信托财产登记机制。

综上，从法条出发，我国信托财产登记采取的是登记生效原则，信托登记是信托成立的前提。

案例【桐庐不动产信托：国内慈善不动产信托过户第一案】

2023年桐庐不动产登记服务中心成功为桐庐的一处慈善信托房产办理了不动产登记。这也是全国首单全流程规范化不动产登记的慈善信托，这意味着公民个人通过信托方式捐赠房产，在杭州率先有了清晰的办证路径。在共同富裕路上，为充分发挥"三次分配作用"，探索各类新型捐赠方式，杭州大胆先行，早于2022年10月就发布了《杭州市民政局等五部门关于做好不动产慈善信托工作的通知》，明确了不动产慈善信托、不动产慈善信托财产登记的定义，以及不动产慈善信托备案和办理不动产登记的相关流程、要求、办理材料等内容，从而规范优化了慈善信托的办证流程。

此单慈善信托中的捐赠人是一名爱心企业家，她将原登记在个人名下的一套位于桐庐的住宅转移给桐庐县慈善总会和万向信托共同管理。该信托采用双受托人模式，由信托基金和桐庐县慈善总会共同担任受托人，在桐庐县民政局进行备案。今后，这套房子所产生的租金、售卖价款和其他收益，将主要用于支持桐庐的公益慈善事业发展。

如今，产证通过附注等创新形式，能够证明转移至受托人名下的不动产属于信托财产而不是受托人的自有财产，从而实现该不动产的独立性并产生"资产隔离"的效果，让该不动产仅服务于慈善目的；同时，也为适应面向未来的慈善信托事业开辟了不动产登记路径，具有广泛推广意义。

境外信托财产登记制度对境内信托财产登记的启示

新的日本《信托法》蕴含了大陆法系国家信托制度的发展方向与基本原则，且日本以营业信托为主，与中国境内目前信托制度的发展现状相类似。中国台湾地区信托"立法"较晚，其"信托法"总结了其他大陆法系国家信托立法的经验和教训，其经验也值得学习。因此，在信托财产登记制度的设计上，日本和中国台湾地区的做法更具有参考意义。比如在日本，除了在《信托法》中对信托财产登记进行明确要求外，还在相关财产的法律法规中，针对以该财产或财产权利设立信托的登记事项进行专门规范，并依托已有的财产登记转移机关来办理财产的信托登记，而不是设立统一的信托登记机关，明确权属变更登记与信托登记在同一程序下进行，这样既可简化操作流程和节约操作成本，又可预防未来可能存在的冲突，使得信托财产登记的推行较为顺利，这些对于未来在中国境内完善信托财产登记制度具有较大的参考价值。

08 家族财富传承的融通——债权家族信托

" 顾名思义，债权信托是否就是将拥有的某个债权装入家族信托？
其实在债权家族信托这种背景下，
债权仅指关联方的借款形成的债权。

债权家族信托是一种创新的模式，通过建立起一个以债权为资产标的的家族信托，突破了传统家族信托只能将资金装入信托账户的固化思维。这种创新的信托方式，不同于个人借款，具有诸多功能和优势，如：可使企业给关联方的利息支出，不再受限于"债权性投资与权益性投资 1 ∶ 2 比例"；解决开票金额限制问题；实现家企隔离，实现了利息金额开票计入企业成本，实现企业税务筹划，实现家庭保障和定向分配；等等。

什么是债权家族信托

债权家族信托的定义

债权家族信托是家族信托大家庭中的一种特殊类型，它指的是将委托人（自然人）由于其个人借款所形成的对自己持股的公司的债权作为一项资产装入家族信托，从而形成的一种特殊财产权家族信托。

2023 年 4 月 15 日，长安信托落地国内信托三分类后首单债权家族信托业务，具有里程碑的意义。该家族信托客户以其作为股东个人对企业的借款形成的债权通过三方协议转入家族信托，从而建立起一个以债权为资产标的的家族信托。该创新一举突破了传统家族信托只能将资金装入信托账户的固化思维，为企业实现了以下四个方面的功能：税务筹划功能、利息合规列支、财务报表优化、真正实现家企隔离。

债权家族信托的结构与功能优势

债权家族信托作为一种创新的信托方式，具有诸多功能和优势。

债权家族信托的功能体现在两个方面。

第一，使企业给关联方的利息支出，不再受限于"债权性投资与权益性投资 1 ∶ 2 的比例"。

《关于企业关联方利息支出税前扣除标准有关税收政策问题的通知》（财税〔2008〕121 号）中提到：

1. 在计算应纳税所得额时，企业实际支付给关联方的利息支出，不超过以下规定比例和税法及其实施条例有关规定计算的部分，准予扣除，超过的部分不得在发生当期和以后年度扣除。

企业实际支付给关联方的利息支出，除符合本通知第二条规定外，其接受关联方债权性投资与其权益性投资比例为：

（1）金融企业，5 ∶ 1；

（2）其他企业，2∶1。

2.企业如果能够按照税法及其实施条例的有关规定提供相关资料，并证明相关交易活动符合独立交易原则的；或者该企业的实际税负不高于境内关联方的，其实际支付给境内关联方的利息支出，在计算应纳税所得额时准予扣除。

而将债权装入家族信托，使得该2∶1比例壁垒在理论上可以被打破。不过，如果信托计划的债权性投资与其权益性投资比例超过规定标准，建议按照税法及其实施条例的有关规定提供相关资料，证明相关交易活动符合独立交易原则。

第二，解决开票问题。

假设个人股东对公司借款6000万元，约定年化利率为5%，则公司需要每年支付其300万元利息，所以公司会计需要索取300万元的利息发票，同时还要代扣代缴60万元的个人所得税（300×20%=60万元）。而目前自然人代开普通发票的次数和金额原则上受限制，如某些地区个人于税务局每个月最多只能开出四张发票，每次金额最高10万元，一年开票次数不能超过12次，也就是说最多只能开出120万元的利息发票。

而债权家族信托的背后是信托公司，作为一家金融机构，信托公司不仅可以开出金融机构利息发票，解决开票金额限制问题，而且原则上可以将利率约定在不高于4倍LPR（贷款市场报价利率）之内。比如我们假设企业股东对企业借款1亿元，设定贷款年利率为10%，于是每年可以在家族信托中收到1000万元利息收入，且由信托公司开出金融机构利息发票供企业做账计入成本。

总结来说，债权家族信托与个人关联借款的区别如表8-1所示。

表 8-1 债权家族信托与个人关联借款对比

对比维度	债权家族信托	个人关联借款
成立方式	直接交付存续债权	个人直接对企业出借资金
息单取得	信托公司代表家族信托直接开具利息发票	个人至税务机关代开发票，增加税负成本
抵扣限制	开票利息可全额税前列支，抵扣企业所得税	需发票，且抵扣上限本金的规模不得超过个人投资的200%
借款人风险	利息收入转为信托受益权，现阶段个税有一定税筹效果	无论是否收到利息，都需就借款核算对应利息缴纳个人所得税
风险隔离	可比照金融机构借款将债务受偿款优先，隔离本金与利息	个人对企业借款在极端情况下劣后于对外负债（含借款、往来）

债权家族信托的优势体现在四个方面。

第一是实现家企隔离。

根据《中华人民共和国企业破产法》第一百一十三条，破产财产在优先清偿破产费用和共益债务后，依照下列顺序清偿：

①破产人所欠职工的工资和医疗、伤残补助、抚恤费用，所欠的应当划入职工个人账户的基本养老保险、基本医疗保险费用，以及法律、行政法规规定应当支付给职工的补偿金；

②破产人欠缴的除前项规定以外的社会保险费用和破产人所欠税款；

③清偿普通破产债权。

可见在企业面临破产时，自己借给公司的债权的破产受偿顺序排在职工工资的后面。而选择做债权家族信托的客户由于将原本属于个人的债权转变为金融机构借款，所以将债权做了一次债务受偿权的优先。

第二是实现利息金额开票计入企业成本。

本来只能按照银行同等利息计价，如今可以最高按照不超过4倍LPR进行利率设定，利率设定更加灵活。当然一般设定在5%至8%之间比较合理，也不会完全顶格4倍LPR设定。

第三是实现一定的企业税务筹划。

若企业利润为5000万元，假设1亿元的债权家族信托按照10%计算年化利息并从公司计提利息，则可以计提大约1000万元利润，若以25%企业所得税计算，则可以实现税务筹划250万元；没做债权家族信托的话，需要缴纳企业所得税为：5000×25%=1250万（元），搭建债权家族信托之后缴纳企业所得税为：（5000−1000）×25%=1000万（元）。

第四是实现家庭保障和定向分配。

如上所述，家族信托中收入了1000万元，此时委托人可以通过设定家族信托条款在该金额中对家族信托的受益人进行特定金额分配，如受益人A妻子、受益人B父亲、受益人C母亲、受益人D儿子，真正做到了定向分配效果和传承。

案例【企业家王先生：对公司的债权设立债权信托】

王先生很早就从体制内下海创办了自己的公司，赚了不少，身价上亿。再往后他不忘初心，还创立了自己的小家电品牌，产品远销海外。2022年，王先生想扩大企业规模，但不希望企业向银行借款付利息。于是王先生拿出了自己压箱底的1亿元，借给了公司，会计上挂在其他应付款科目。

出于家族传承的考量，王先生设立了自己的家族信托，并希望将这1亿元债权装入家族信托。这一计划的目的是把公司贷出的利息分配到家族信托账户，使自己的孩子们享受家族信托的收益。最后，王先生与公司、家族信托受托人签订了一个三方转让协议，把王先生个人对公司拥有的债权直接转移到了家族信托里面。

境外债权家族信托的法律规定

境外债权家族信托主要是以债权为信托财产的信托模式。其所涉及的法律规定主要是以境外各国对于《信托法》的定义为法律蓝本所展开的。

以英国《信托法》定义为例，信托基于信任的法律关系，其中受托人持有财产权，并负有管理受益人的利益和处分其财产的衡平法义务。

以法国《信托法草案》第2062条定义为例，"信托是一种合同，通过这种合同，设定人将其全部或部分财产转移给被信任人，被信任人把这些财产与他本人的财产分开，并按照合同的规定，为特定目的，或者为一个或数位受益人的利益行事。受托人享有的权利由合同固定，合同必须采取书面形式；如欲实施一项无偿赠与，合同还必须经过公证"[①]。

以美国信托定义为例，"依遗嘱或生前行为所作之安排，在此安排下受托人依衡平法院或遗嘱认证法院所设规范持有财产之所有权，目的在于为受益人之利益保障维护该财产"[②]。

债权家族信托，就是将债权通过债权转让的方式让渡给受托人，各国认为债权的让与就是一种债权主体的转移。

案例【地产破产倒闭：威廉姆·杰弗森的保值智慧】

威廉姆·杰弗森是美国加州地产行业企业家，有一儿一女。其名下全部企业规模近百亿美元，个人财产（不含企业股权资产）近2亿美元，包括：2000万美元的现金、3套房产、3台豪车，同时还有价值数千万美元的对本公

---

① 于文君.中外信托法律制度比较研究[D].哈尔滨：哈尔滨工程大学，2007.
② 于文君.中外信托法律制度比较研究[D].哈尔滨：哈尔滨工程大学，2007.

司的个人借款、信托计划等理财产品。他的夫人在企业中主管财务。

地产行业的特征是高度依赖金融借贷运作地产项目，而且企业的主要领导人会被要求签署连带保证协议。家庭和企业之间不仅没有"防火墙"，家庭还有可能因为企业经营失误而背上债务。另外，威廉姆的个人借款也可能因为企业经营不善，在企业破产时无法清偿而流失，从而无法扶持家庭成员。由于威廉姆的大儿子和小女儿都不属于地产行业管理人才，一旦夫妇退休，儿女都无法接班打理公司。如果没有父母的资助，儿女未来的经济状况可能堪忧。

对于个人向本公司借贷的部分，威廉姆将其中一部分债权装入家族信托中，以家庭成员为受益人。后来其公司破产倒闭。法院在判决时因为该公司具有明显的"夫妻店"特征，认为其家企不分，从而认定其与企业承担连带责任。而因为威廉姆早在5年前就设定了债权家族信托，这一部分个人借贷在破产时被认定为金融机构向威廉姆公司的借款，从而仍然得到了一部分清偿。这部分资产保证了威廉姆一家在破产后仍然能维持一定的生活品质。

境内债权家族信托现状

我国《信托法》对信托的定义为："本法所称信托，是指委托人基于对受托人的信任，将其财产权委托给受托人，由受托人按委托人的意愿以自己的名义，为受益人的利益或者特定目的，进行管理或者处分的行为。"

而我国《民法典》对债权让与规定为："债权人转让债权，未通知债务人的，该转让对债务人不发生效力。"即债权转让仅需通知即可发生效力。这一点为债权家族信托的设立提供了极大的便利。而最新的《公司法》规定股东可以使用债权出资，也体现了在未来，债权可以越来越多地被作为流动投资的工具使用。

案例【刘起强：新兴技术行业主管的财富安排密码】

刘起强是区块链从业人员，拥有三峰公司 20% 的股份。他的工资收入是全家唯一的经济来源。妻子因为要照顾孩子，重返职场的难度较大。如果刘起强出现意外或者健康问题，会直接导致原本富裕的家庭失去经济来源。因此，刘起强有配置自己财富以保障家庭成员未来生活的迫切需求。2021 年，刘起强借款给三峰公司款项 3000 万元，约定三峰公司在 5 年内还本付息。

2022 年 10 月开始，刘起强身体状况急剧恶化。为保证家人的幸福生活，他在 2022 年 12 月以自己的 3000 万元债权出资设立了家族信托，由信托公司将每年的三峰公司的还款及利息用于保障妻子与孩子的未来生活。在没有设立债权家族信托时，因为刘起强是三峰公司的关联方，其所在企业的所得税计算不扣除个人还款的利息，他只能根据股份获得税后的利润；在设立债权家族信托后，因为信托公司是第三方金融机构，一方面他可以将偿还的利息通过信托分配给家人（按照 10% 利息计算，每年回到家族信托 300 万元）；另一方面，在企业的所得税计算中又要扣除还款利息，进一步降低了三峰公司的利润。同时因为利率上略高于同期银行贷款利率，每年有更多的利息可以进行分配。

2023 年 12 月，刘起强病故。妻子及孩子每年可以从设立的债权家族信托中获取 300 万元的利息收入作为生活费。信托公司拥有雄厚的财务、法律专业资源，通过将债权转入信托，刘起强的债权让他的家人得以在其病故后保持原有的生活水平。

09 公司股权架构中 LP 持股的同替方案——高管薪酬递延信托 & 股权激励信托

> 针对企业各类薪酬福利管理需求，
> 打造个性化、可持续的
> 薪酬福利体系。

在我国，许多公司老板为了激励员工或者高管，会设立一个有限合伙企业作为持股平台，吸收员工或者高管作为有限合伙企业中不参与实际经营的 LP，并按照一定的制度向这些员工或者高管分配合伙企业的股份。然而，在实操中，很多员工和高管对有限合伙企业中 LP 的角色和分红权等问题非常陌生，公司员工甚至可能对担任 LP 并分红的计划存在抵触情绪。股权激励信托和高管薪酬递延信托可以作为上述 LP 持股的替代方案。

股权激励是一种长期的激励机制，旨在激励企业和员工共同成长。它主要通过赋予员工部分股东权益，使其成为企业的主人翁和利益共同体。股权激励的具体形式包括但不限于股票期权、员工持股计划和管理层收购。

股权激励能够让员工从股东的角度参与企业决策、分享利润和承担风险。这有助于提高员工的工作积极性和对企业的忠诚度。此外，股权激励还能改善公司治理结构，降低代理成本，提升管理效率，并增强公司的凝聚力和市场竞争力。

在我国，薪酬递延常见于金融行业。金融行业相较于其他行业，具有行业准入门槛高、强监管以及高薪酬、高风险等特点。薪酬递延是监管机构基于金融行业的特殊性对其做出的合规管理和风险管理要求。因此，金融机构与员工之间的劳动用工问题除了必须遵守《中华人民共和国劳动法》《中华人民共和国劳动合同法》等法律之外，还需要贯彻执行证监会、银保监会等监管机构的特别监管要求。薪酬递延在金融机构的规章制度中通常体现为递延奖金，如"风险准备金""绩效奖金""承做奖金""年度效益奖""项目奖金"等表述。

根据实践中递延奖金设置的目的和作用不同，递延奖金可分为用人单位基于员工过往某段时期的工作表现而给予的奖励和用人单位基于对员工未来留用、工作表现的激励。若递延奖金其性质被认定为前者，即便公司的规章制度中明确约（规）定递延奖金的发放条件不包括主动离职的员工，员工主动离职也不必然免除用人单位向员工支付递延奖金的义务；若递延奖金其性质被认定为后者，且对员工有效的规章制度中明确约（规）定主动离职的员工不享有递延奖金，司法机关倾向于尊重用人单位和员工的意思自治的约定，肯定用人单位的用工自主权，对不符合递延奖金发放条件的主动离职员工要求用人单位支付递延奖金的请求不予支持。

什么是核心员工薪酬递延信托

核心员工薪酬递延信托的定义

核心员工薪酬递延信托是指，公司为实现对员工的长周期稳定管理，对员工在公司获得的销售或者研发贡献等一次性奖励，分若干年进行发放的方式。其最终目的是捆绑企业和员工的长期目标，防范员工一次性领取高额奖金后出现随即离职的情况。该金融工具可以使企业高级管理员工获得一定的安全感。

核心员工薪酬递延信托的意义

绩效薪酬递延支付规则作为金融企业控制经营风险、管理员工的重要调控工具，在实践中被大量运用，也成为金融行业合规的重点内容。按照绩效薪酬递延支付规则而成立，将这种规则写入信托文件的信托，被称为"薪酬递延信托"。

落实贯彻监管相关要求，减少员工道德风险的发生概率，进一步加强全员合规是成立和管理薪酬递延信托的关键点和落脚点。除了合规要求，从下面的案例中我们可以看到，LP持股计划可能因为公司内部因素而受到阻碍。

案例【某电子科技企业：LP 持股方案遗憾受阻】

某电子科技企业以生产齿轮见长。董事长为杭州电子科技大学机械与自动化系出身，非常重视技术研发。近年来企业生产的齿轮已经占据国外齿轮市场 50% 以上的份额。同行对他们的技术实力觊觎已久，纷纷想尽办法从他们那里挖人，特别是有 8 年以上研发经验的高级工程师。董事长想留住 8 名核心高级工程师，于是提出可以为他们搭建一个合伙企业，让他们成为公司股东，该合伙企业对公司股份占比为 8%，让 8 位工程师作为 LP，享受分红权。

但有两名工程师对此提出了异议，私下和大家抱怨：去年 10 月份公司利润已经有 1.5 亿元，公司突然说要在年底前订购几台重要设备，一下子花掉了 1.2 亿元，最后只有 900 万元利润在公司账上，年终奖几乎没有。现在公司把我们放在 LP 里，我们还是"提线木偶"，没有任何主动性。不如实实在在让我们看到一笔钱躺在那里等着分。

面对工程师们的抵触态度，董事长询问了专精信托搭建的律师。律师告诉他，公司不妨做一个薪酬递延信托计划。

目前，不少专业信托公司都开始开发和推广薪酬递延信托产品，其中就包括下面的中航信托产品。

案例【首单薪酬递延服务信托落地】

2023年10月25日，中航信托资产服务信托业务的"薪福远航"企业薪酬福利管理系列产品暨首单"薪酬递延服务信托"正式落地成立。

据介绍，"薪福远航"企业薪酬福利管理系列产品是中航信托针对企业各类薪酬福利管理需求打造的个性化定制专业服务信托产品，其中"薪酬递延服务信托"便是中航信托聚焦员工薪酬递延场景推出的特色化信托服务。

企业传统的薪酬递延一般通过"内部记账法"的形式进行管理，容易产生管理不规范、递延的员工薪酬资金与企业自有资金混同、递延的薪酬发放不稳定、预期不明等问题。企业通过薪酬递延服务信托方式进行管理，将应递延发放的薪酬通过信托专户进行管理并由信托公司按照事先制定的规则直接进行薪酬发放，这既能够契合企业满足薪酬递延的监管要求或内部长期激励的管理要求，又能充分利用"信托"的"资产隔离"优势，稳定员工薪酬发放的预期，留住企业核心人才，实现企业与员工利益的一致性，助力企业长期发展。

为开展薪酬递延服务信托，中航信托配备了专业化的账户管理系统，对企业和每个受益人（企业员工）的基本信息进行登记，为企业和每个受益人开设信托利益子账户，记录各个信托利益子账户下信托利益的增加、减少、划转等利益变动情况，并向企业和每个受益人提供信息查询服务。专业化的账户管理系统极大地提高了薪酬递延服务信托的运作效率，减少企业自身进行薪酬递延管理的工作量和失误率，便利每个员工查询各自的递延薪酬金额及发放数据，极大提升了企业的内部管理效率，有助于企业在同行业中构建薪酬竞争壁垒。

核心员工薪酬递延信托的法律规定

2021 年 6 月，中国银保监会发布的《银行保险机构公司治理准则》要求，银行保险机构应当建立绩效薪酬延期支付和追索扣回制度。银行保险机构执行董事、高级管理人员和关键岗位人员绩效薪酬应当实行延期支付。

2022 年 2 月，中国证监会发布的《证券基金经营机构董事、监事、高级管理人员及从业人员监督管理办法》规定，证券基金经营机构应当对董事长、高级管理人员、主要业务部门负责人、分支机构负责人和核心业务人员建立薪酬递延支付机制，在劳动合同、内部制度中合理确定薪酬递延支付标准、年限和比例等。

2022 年 4 月，中国证监会颁布的《关于加快推进公募基金行业高质量发展的意见》明确要求，基金公司应当强化长效激励机制，督促基金管理人严格执行薪酬递延制度，建立完善经营管理层和基金经理等核心员工奖金跟投机制，实施违规责任人员奖金追索扣回制度，严禁短期激励和过度激励行为。

2022 年 6 月，中国证券投资基金业协会发布《基金管理公司绩效考核与薪酬管理指引》，对薪酬结构、薪酬支付、绩效考核、薪酬内控管理等方面提出了具体要求。

2022 年 7 月，财政部下发《关于进一步加强国有金融企业财务管理的通知》，对国有金融企业提出了五项要求，提到应建立健全薪酬分配递延支付和追责追薪机制，确保绩效薪酬支付期限与相应业务的风险持续期限相匹配。

2022年8月，银保监会公布的《企业集团财务公司管理办法（征求意见稿）》指出，财务公司应当建立稳健的薪酬管理制度，设置合理的绩效薪酬延期支付和追索扣回机制。

根据以上规定，银行、保险、信托公司、券商、基金公司、集团财务公司等机构均应当建立绩效薪酬延付机制，事实上，在政策引导下，近年来诸多金融机构也积极试水薪酬延期支付，为专业化的薪酬管理解决方案提供了市场基础。

近年来，随着经济下行、风险资产增多，围绕着金融行业公司与离职员工薪酬发放问题的劳动纠纷多发，主要争议点之一便在于金融机构是否需要给离职员工支付剩余递延绩效，以及在什么条件下才发放。

从已有司法案例来看，尽管各地关于证据的审查标准存在不同，但是法院对于金融行业关于薪酬递延制度的监管要求的设置目的以及意义基本是持肯定态度的。但是对于用人单位而言，实践中的主要难点在于举证证明员工本人直接造成了风险事件，对风险事件的发生负有个人责任。

以信托行业为例，据中国裁判网不完全统计，2022年员工与信托公司劳动争议的案件总计达24件，涉及的信托公司有10余家，考虑案件披露具有延迟性，真实数量远不止这些。

核心员工的薪酬递延信托使得本来以合伙企业LP形式存在的那些有限合伙人可以以该种形式进行薪酬发放。由于LP中个人可能因为离婚、意外死亡、离职而产生股权纠纷或者相应复杂的遗留问题，薪酬递延信托在一定程度上提供了一种新的选择。当然，有人认为真正的核心骨干成员通常难以接受自己的名字不在股东名册上。笔者在一定程度上同意这一观点。我们确实无法完全按照将有限合伙人改造到薪酬递延信托中的方式进行改革，但起码可以通过公布薪酬递延信托方案对大多数中层进行约束和实现相应远期激励。实操中，薪酬递延信托往往表现为通过常见的股权激励计划呈现，其特征在于计划的实施不借助于公司内部组织（如董事会授权的委员会），而是由公司委托的信托受托人实现，受托人持有激励股份，按照激励计划、董事会指示等依据向受益人（即参与激励计划的员工）分配激励股份。

股权激励信托

在股权激励的领域，特别是在企业考虑上市前的阶段，信托机制扮演着重要的角色。一般而言，在初创企业和较早期的企业结构中，很少见到股权激励信托的应用。这可能是因为资本市场方向不确定，或者出于设立信托较早会增加年费成本等原因。然而，一些企业在经历了一定阶段后，通常是在 C、D 轮融资之后，才开始考虑在上市前设立股权激励信托，以根据各自的需求做出决策。

上市前企业构建股权激励信托的场景一般包括以下几个方面：

第一，解决上市前红筹或 VIE（可比案例实体）架构的行权问题。

针对采用红筹或 VIE 架构的公司，中国境内居民身份员工在上市前的行权会涉及复杂的股东登记以及外管 "37 号文" 的补登记。为简化程序并规范整体股权架构管理，一些企业选择采用信托的方式进行统一安排。尽管考虑到信托在进行外汇登记时可能面临的困难，很多企业为避免未来上市时由信托导致的外管备案合规问题，会在与境内居民身份员工签署股权激励协议时约定上市前不可行权等条款。这样一来，上市前离职的员工可以选择以回购或者保留的方式退出。

第二，优化股权激励税务相关问题。

正如前文所述，上市前行权涉及一系列外汇及股东登记的复杂性和不确定性。因此，大部分公司的员工会选择采用上市后行权的方式。然而，公司上市后，股权激励工资薪金的个税按照行权当日公开市场价格的收盘价与授予价格的差价进行计算。如果公司的股权激励增值比例较大，且个人持有的股权数量较多，员工缴纳的税额可能高达45%。这远超过上市前正常行权缴纳的ESOP（员工持股计划）税费。因此，一些公司会考虑利用股东登记或者信托持股等方式，以实现最优的税务计算，避免由境外架构问题导致员工多缴税的情况。

第三，完善股权激励计划相关问题。

公司通过信托进行员工激励持股，可以提前约定投票权归属。由指定的管理人员，如公司薪酬委员会向信托发送指令，充分规避投票权分散的风险。同时，员工股权激励计划通常对激励条件有明确的规定。只有在满足若干条件后，员工才能享有信托内的股票或期权。信托可根据公司的指令，协助完善员工股权激励条款，以更好地符合监管机构对于股权激励的相关要求。

股权激励在我国开展的历史较长，相应地，在我国，信托框架下的股权激励较信托本身的发展先进得多。早在2006年5月，万科公司就制定并落地了信托框架下的股权激励计划。

案例【万科：较早的境内股权激励信托】

20世纪90年代，万科实施了第一次员工股权激励计划。2006年5月，万科开展了第二期股权激励计划，而该期计划的管理是通过信托受托人（信托公司），在满足净资产收益率高于12%的前提下，以净利润增长率15%为最低要求，按照实际情况，从公司每年增长的净利润中划拨一部分作为激励基金，该基金由信托公司管理并用于购买万科A股股票。该激励计划设定了与股价挂钩的条件，在第一年储备期和第二年等待期之后，如果条件达成，第三年可以将股票交给高管。高管拿到这些股票后，每年最多可以卖出 25%。但是该股权激励计划在 2008 年因为业绩不达标而被迫中止。

下面两个案例中，中国重汽、奥威控股分别用信托完善了股权激励计划，在境外开展了信托管理下的员工股权激励计划。

案例【中国重汽：面向核心员工的限制性股票股权激励信托】

中国重汽（香港）有限公司于 2007 年在香港主板上市，母公司中国重型汽车集团有限公司是国内第一家重型卡车制造商。2024 年 1 月 23 日，中国重汽公告将实施限制性股票激励计划，拟向不超过 194 名员工授予不超过 2760 万股限制性股票，约占本计划公告时公司总股本的 1%。此次授予的股票来源为公司委托代理机构在二级市场买入，授予价格为 6.896 元/股，不低于定价基准的 50% 且不低于股票面值。

激励对象为公司董事、该公司以及该公司附属公司的高级管理层或参与研发技术、营销及管理工作的主要员工，前提是该等人士已与本公司或其任何附属公司签订劳动合同或服务合约。

授予价格不低于二者：（a）股份于本公告日期在联交所所报收市价的 50%；（b）股份于本公告日期前连续 5 个交易日在联交所所报平均收市价的 50%。由此，授予价格定为人民币 6.896 元（相当于约 7.58 港元）。

本次激励通过信托进行管理。激励股权由董事会及受托人根据计划规则、信托契据及所有适用法律或法规（包括山东国资委不时规定的要求）进行管理。

锁定期较长，第一个归属期为授予日之日起 24 个月到 36 个月，三个归属期以此类推。公司层面考核要求较高，要求考核期内公司经营收入、销售利润增长率同时达标，且不低于相应考核年度行业平均业绩及于本次授予日的行业水平。

案例【李艳军：奥威控股高管激励信托】

奥威控股上市主体全称奥威控股有限公司，注册地为开曼，原名恒实矿业投资有限公司，创始人为李艳军，主要从事铁矿石勘探、开采、选矿及销售业务。根据招股书，李艳军的儿子李子威于公司上市前夕的 2013 年 8 月 13 日设立了家族信托，根西岛的信托公司 Credit Suisse Trust Limitied（瑞信信托有限公司）为受托人，受益人为李子威和其子女。此外，李子威还设立了一个"管理信托"（招股书表述），同样以瑞信为受托人，通过根西岛有限公司 Seven Limited（第七有限公司）持有一部分股份，这些股份据称用于高管股权激励。结构如图 9-1 所示。

图 9-1　奥威控股高管激励信托架构

案例【奈雪的茶：奥威控股高管激励信托】

新茶饮赛道开创者"奈雪的茶"创立于2015年，开创了"茶饮＋软欧包"双品类模式。聚焦以茶为核心的现代生活方式，奈雪的茶已形成"现制茶饮"、"奈雪茗茶"及"RTD瓶装茶"三大业务板块。2021年6月30日，奈雪的茶正式在港交所挂牌上市。

根据公司披露的招股说明书，奈雪的茶共计实施过两个股权激励方案，而其用于激励的股份大部分由ESOP信托Forth Wisdom Limited（第四智慧有限公司）所持有。

而Forth Wisdom Limited就是根据奈雪的茶与Zedra Trust Company (Cayman) Limited［斑马信托（开曼）有限公司］（受托人）签订的信托契约成立的。该信托由受托人全资所有，同时由奈雪的茶创始人彭心管理。信托所持投票权由创始人赵林及彭心夫妇行使。此种情况下，公司成为信托的委托人。而员工作为信托的受益人可以享有激励股权所对应的财产性收益，但不会直接享有其他股东权利，故而并不会对公司的经营决策产生影响。

10 家族信托的关怀
——特殊需要信托

"

关注特殊群体，
设立特殊需要的信托，
体现家族信托的温情与关怀。

特殊需要信托不同于上述其他信托，它不是从资产的角度予以区分的信托种类，而是一种以社会价值为导向的新兴信托领域。下述以特殊关爱信托、体重管理信托、养老信托为例予以阐述。

特殊关爱信托

特殊关爱信托是委托人以保障未成年人、心智障碍者、生活不能自理的残障人员、失能失智老人等特殊需要人群为目的，将自己合法所有的财产委托给受托人管理、运用和处分的信托行为。我国特殊需要人群范围广泛，数量众多，其服务体系不完善，开展特殊需要信托具有重大现实意义，也有广泛的市场需求。

仅以残障人士和老年人为例，根据中国残联统计数据，截至 2022 年底，我国残疾人的数量约 8500 万人，其中包括视力、听力、言语、肢体、智力等各类残疾人。①另有数据显示，我国每年新增残疾人约 200 万人。②这也意味着我国残疾人事业发展任重而道远。

2022 年我国 65 岁及以上人口数量 20978 万人，占全国总人口的 14.9%③，我国提前进入深度老龄化社会，同时，与年龄相关的心智残障人数也随之增加。

在中国，有超过 1000 万的孤独症（即自闭症）群体，其中 14 岁以上人群约为 700 万，许多孤独症孩子家庭疲于应对"康复""教育""就业"等问题。这类人群被称为特殊需要人群，包括但不限于失能失智老人、患有孤独症的孩童，以及其他不能有效进行生活自理的特殊群体。

单纯依靠财政补贴和社会公益救助的方式难以长效解决供需不平衡问题，特殊需要人群的长期护理和照顾需要是个亟须解决的难题，特殊人群关爱信托为此提供了解决之道。

特殊人群关爱信托是以满足和服务特殊需要人群的生活需求为主要信托目的的一种特别的信托制度安排，具有长期性、特定性和复杂性等综合特征。

案例【首例关爱孤独症慈善信托：把社会责任与个人事业相结合】

2021 年 6 月下旬，全国首例关爱孤独症慈善信托"曹鹏关爱自闭症慈善信托"正式成立，委托人是曹鹏先生一家，由上海联劝公益基金会作为该慈善信托的执行人。

"曹鹏关爱自闭症慈善信托"旗下，将会逐步建立一个完整的"星星的

---

① 程思.无障碍环境认证宣贯推广活动在京顺利召开 [EB/OL]. （2023-11-27）[2024-05-15]. https://baijiahao.baidu.com/s?id=1783710683420809611&wfr=spider&for=pc.

② 孝金波，周静圆.中国残联：正研究制定未来 5 年国家残疾预防行动计划 [EB/OL]. （2021-08-25）[2024-06-11].http://society.people.com.cn/n1/2021/0825/c1008-32207935.html.

③ 中华人民共和国民政部,全国老龄工作委员会办公室.2022 年度国家老龄事业发展公报 [R/OL]. （2023-12-14）[2024-06-14]. https://www.gov.cn/lianbo/bumen/202312/content_6920261.htm

孩子"体系，包括天使知音沙龙、孤独症学校、孤独症就业基地和养老机构，对于特别困难的家庭还会予以专门的支持。孤独症孩子将获得适合的教材，以便更有效地学习；打好基础的学员可以锻炼自食其力，年纪大了也有个养老的场所。对于"星星的孩子"来说，社区就是他们的家，可以在这里学习成长，有朋友、有集体，这对孤独症家庭来说也起到减负作用，使其可以安心。

体重管理型家族信托

《中国居民营养与慢性病状况报告（2020年）》指出，我国6~17岁儿童青少年超重肥胖率达到了19.0%，相当于每5个中小学生中就有1个超重肥胖。另据《中国儿童肥胖报告》预测，如果不采取有效的干预措施，到2030年，7岁及以上儿童超重及肥胖检出率将达到28.0%。

笔者曾经帮助若干家庭设计过体重管理型家族信托，一般按照两种判断方式来跟踪是否分配信托收益。如根据BMI（身体质量指数）指标进行奖金发放，如果符合正常值，则每年奖励30万元，如果达不到，则不从家族信托中予以奖励。BMI指标的具体计算方法为：BMI=体重（公斤数值）÷身高（米数值）的平方，亚洲人群正常值的范围是18.5～22.9，小于18.5为消瘦，23～24.9为超重，25以上为肥胖。还可以有其他设计方式，如身高（厘米数值）–体重（公斤数值）$\leqslant x$（设置一个常数数值），当符合预设的x值，可予以奖励。

案例【胡先生为孩子设置体重管理信托：身体和财富的双保险】

胡先生早些年来到了巴西，经过激烈的竞争，胡先生抢下了桑托斯港的经营权，靠着这个港口，胡先生手中的财富连番上涨，很快就让他成为当地港口的富人群体。由于老来得子，胡先生夫妇对这个孩子非常宠爱，平时吃穿用度不甚在意。

考虑到自己年岁已大，身体也每况愈下，可能不能一直监督孩子注重体重健康管理，同时也为了解决自己财富传承的问题，胡先生设立了体重管理家族信托，由信托机构代为监督孩子的体重问题，根据每年的体脂率和BMI指数评估孩子的健康。如果两项指数达标，则孩子每年可以从信托财产里获得20万元作为生活费用。

养老信托

国家统计局数据显示，2022年末，中国60岁及以上人口占比为19.8%，65岁及以上人口占比为14.9%。这意味着我国已经进入老龄社会。老龄人口增多、新生人口减少，我国的人口结构重心正在上移，这给养老保险体系带来严峻考验。

中国信托业协会将养老信托划分为以下五类：

一是养老金信托，指信托公司参与制度化养老金的金融服务，重点是企业年金、职业年金积累、保值增值、分配管理的信托业务，以及为制度化养老金提供合格的信托投资资产等。根据现有政策制度框架，信托公司目前主要参与养老保险体系的第二支柱，即企业年金、职业年金等，但参与程度不深，竞争力相对较弱。

二是养老理财信托。它是由信托公司提供的一种专业金融服务。信托公司受社会成员委托，对其交付的个人现金资产、商业养老保险、房产、股权等非现金资产进行专业化管理，以帮助其实现财富积累的目标。

三是养老消费信托，指信托公司从消费者的养老需求和权益出发，将信托资金用于购买产业方提供的产品或服务的消费权益，让投资者在购买信托产品的同时获得养老消费权益的信托业务。养老理财信托和养老消费信托均属于养老服务金融的范畴。[①]

四是养老产业信托，指信托公司募集资金或利用证券化等方式，为养老产业（养老地产、养老健康产业、养老服务产业等）发展提供投融资、资产管理等金融服务的信托业务。

五是养老慈善信托，指信托公司在公益慈善事业中发挥独特的作用，开展的服务于贫困孤寡老人养老、助老等公益福利事业的信托业务。

养老金融的本质是通过资金的跨期配置，以提升老年阶段的收入，从而达到稳定收入结构、平滑消费水平的目的。但值得注意的是，养老金融资源的供给和需求难以实现自发跨期平衡。伴随人口结构变化，人口抚养比逐渐上升。在人力资本红利衰减的过程中，老龄化会成为拖累经济增长的重要因素，养老金融资源往往会供不应求，程度会随着老龄人口比重提高而进一步加剧。同时，养老金紧缺问题将持续凸显。

对于拥有一定规模财产的老人而言，设立一个养老信托是恰当的选择。对信托公司来说，参与此类社会营业信托活动不仅有利于业务发展，也有利于履行社会责任。

---

① 周纯.消费信托相关法律问题探析 [J].山西省政法管理干部学院学报，2019, 32（1）：90-94.

案例【职场女强人家庭信托：孝道传承与资产保护的结合】

康总是某企业高管，将于几年后退休。近几年行业形势和公司业务波动较大，康总忙于经营管理，身体状况处于亚健康状态。

作为高管，康总当前的薪资与绩效激励丰厚，但不实际拥有公司股权。康总往年在财富投资管理方面花费的精力较少，除购买了数套房产外，资金多存于银行或购买理财。

家庭情况方面，康总与先生离异，已单身多年。康总父亲今年74岁，目前与康总住在一起；康总独生子26岁，海外归国技术专家，目前在杭州某大型互联网公司IT部门任职，是一名技术宅，近期正准备与网红女友"闪婚"。康总弟弟是自由职业者，由于收入不稳定，经常向父亲和自己借钱。

首先，康总购买了人寿保单，并获得了确认函。随后，康总将保单和部分现金作为信托财产，设立了养老保险金信托，将儿子、自己和父亲作为受益人，并规定了信托的分配方案。待孙辈出生后，康总可以将孙辈加入受益人清单。

康总父亲正准备入住养老社区，在办理社区入住的同时，签署了相关协议，以实现信托直付社区费用的功能。

康总退休前仍住在家里，打算等退休后入住养老社区，届时再签署社区入住、信托直付社区的相关协议。

实现效果：

1.康总父亲可以在养老社区享受餐饮、医疗等服务，一旦出现健康问题和意外情况，利用社区内的急救拉绳等硬件设施以及医护团队等专业资源，能够获得及时救治与照护。养老型保险金信托"信托直付社区"模式，有效简化了父亲转账、汇款的操作，让父亲能够专注于养老享老。

2.未来康总如果失能失智，弟弟作为监护人，可以通过养老型保险金信托专款专用的保障功能，利用相关分配条款支付康总费用，但无法直接挪用信托中的本金财产，让财富始终保留在康总家庭内部，用来照顾父亲、儿子与孙辈。

3.通过养老型保险金信托，康总可以设定信托财产的分配方式，例如指定仅将财产分配给儿子，而不涉及儿媳。通过这种方式，分配的财产便成为儿子的个人财产，而非夫妻共同财产，从而避免儿媳对信托本金的侵占挪用，更能有效避免儿子婚变时相关财产被分割。

通过养老型保险金信托固定分配和条件分配的功能，康总可以为儿子、孙辈在人生各阶段，如日常生活、学习、创业、生育期等提供资金支持。在传承财富的同时，更是传递了长辈对于晚辈的深切希冀、关怀与爱护。